2017年湖北警官学院公安学特色学科群

国际警务对比研究文集

A Comparative Study of International Policing

杨淑芳 著

WUHAN UNIVERSITY PRESS
武汉大学出版社

图书在版编目(CIP)数据

国际警务对比研究文集/杨淑芳著. —武汉:武汉大学出版社,
2017.4
ISBN 978-7-307-19205-8

Ⅰ.国⋯ Ⅱ.杨⋯ Ⅲ.警察—工作—对比研究—世界—文集
Ⅳ.D523.3－53

中国版本图书馆 CIP 数据核字(2017)第 078526 号

责任编辑:叶玲利　　责任校对:李孟潇　　版式设计:马　佳

出版发行:**武汉大学出版社**　(430072　武昌　珞珈山)
　　　　(电子邮件:cbs22@whu.edu.cn 网址:www.wdp.com.cn)
印刷:虎彩印艺股份有限公司
开本:880×1230　1/32　印张:6.75　字数:156 千字　插页:1
版次:2017 年 4 月第 1 版　　2017 年 4 月第 1 次印刷
ISBN 978-7-307-19205-8　　定价:48.00 元

前　言

　　经济的全球化带动了犯罪的全球化，也对警务工作的全球化提出了更高的要求。为此，目前我国部分公安院校设立了涉外警务系、国际警务系等，旨在培养具有较高文化素养和良好心理品质，扎实的英语语言基础和较高的听、说、读、写、译的能力，熟悉国内外相关法律、法规，掌握国际警务知识与专业技能，能在公安、海关等部门，特别是能在外事部门及维和警务中从事涉外警务工作的复合型、应用型人才。

　　国际警务人才的培养需要结合相关公安学科专业的共同努力，尤其是侦查学、刑事科学技术、治安学、警务指挥与战术、计算机科学与技术、网络安全与执法、法学和国际警务等方向（领域）的资源整合、开放合作、相互支撑、交叉融合、关联渗透，才能形成特色鲜明的学科特色。本书内容是笔者多年开展国际警务对比研究的成果，从世界警务改革历史、当代国际警务发展前沿、国际警务人才培养等方面集中对比探讨了世界各国在警察教育、警务管理模式革新等方面的发展。由于作者水平所限，时间仓促，缺点和疏漏在所难免，敬请读者评批指正。

2017 年 2 月于湖北武汉

目　录

历史的回归与上升

——历次世界警务革命比较及展望

一、历次警务革命概况

1829 年，英国内政大臣罗伯特·比尔敦促议会通过了《大都市警察法》，据此创建了伦敦大都会警察局。从此，历史上第一支着警装的、享受国家警俸的正规职业警察队伍产生，现代意义上的警察制度也正式诞生。罗伯特·比尔是公认的世界现代警察之父，他倡导的建警创制被称为第一次警务革命。

第一次警务革命将警察定位于公民的角色。罗伯特·比尔设计的警察服与当时街头上普通男性的服装毫无二致。唯一的差别是，这件衣服上挂着警察标牌，以便公众识别。这一设计的初衷，是提醒警察要始终贴近公众，塑造警民一家的形象。他的一句名言是"警察就是公众，公众即为警察"。当英国警察第一次出现在泰晤士河边时，他们是没有武器的。即使现在，他们也尽量少使用武器。

第二次警务革命是 20 世纪 20 年代美国的警察专业化运动，也称为警察独立执法运动。美国警方提出，警察应当是单独的执法力量，警察只对法律负责，只承担执法的任务，大量非警务活动因此被改革掉。这是警察史上的一次大革命，是新警察独立与成熟的标志。这场革命的核心就是要使警察摆脱地方政治集团的控制，成为一支独立、高效的专业化队伍。为此采取的首要措施，就是雇佣大批优秀人才来管理警察机关。美国第 26 届总统西奥多·罗斯福，早年曾受聘担任纽约市警察局局长，为美国警察的专业化作出了巨大贡献。

第三次警务革命以欧、美各国警察现代化为标志。20 世纪 30 年代到 70 年代，西方主要国家逐步完成了警察的现代化，各国的警察编制、警察预算均有巨大的增长。第三次警务革命立足于使警察成为"打击犯罪的战士"，各种警务装备迅速更新。指挥通信现代化是第三次警务革命的关键环节，它的实现为快速反应机制奠定了坚实的基础，有效地增强了打击犯罪的力度。现代化使世界警察如虎添翼，引发了今非昔比的深刻变化，整体面貌焕然一新。这是警察最辉煌的一段历史，被称为"四个现代化"：车巡代替步巡、通信现代化、计算机革命、个人装备现代化。此时的警察形象，是头顶钢盔、肩别对讲机、手持盾牌、腰挎手枪的"机械战警"。但这次警务革命的结果却是失败的，因为其将警察定位为打击犯罪、快速反应的角色，但是老百姓发现，"车轮子跑得越快，警察却离公众越远"，他们提出了新口号："宁要更夫，不要机器人。"增加警力也带来了若干消极后果，在警力不断增长的同时，犯罪率也处于上升较快的状态。警力与犯罪同步增长，这是人们始料不及的，这也因此引发了第四次警务革命。

第四次警务革命，在欧美各国被称为"新警察模式改革"（主要内容是社区警务运动）。它是对警察现代化弊病的痛苦反思，也是在理论指导下的飞跃。它在以下十个方面对原有的警察组织机构、理论观念进行冲击，返璞归真，是警察现代化技术与警察哲学的理性整合。

1. 在警力方面，人财物的剧增转变为无增长。强调警察的发展应偏离高警察比例、装备高度现代化的美国模式，改革的重点应放到社区，面向公众。以社会的人力资源作为警力的后备，以质量胜数量。

2. 在装备上从追求"机器人"模式转向追求"传统更夫"模式。重新审视对警察的服务意识的培训与警察道德修养提升。

3. 在警务风格上，从以单一的被动警务转向主动型警务。主要以西方国际已把工作重点从快速反应转向预防犯罪为标杆。强调调查在先，以预防为主。警察走出岗亭，了解联系人，组织群众。

4. 在工作重点方面，从单一巡逻转为社区警务。由于传统警务工作在打击犯罪上收效甚微，警察不得不把工作重点放在社区警务上。通过关于警察作用（即"打击犯罪战士"与"社会功能"）的辩论，逐步扭转单纯的战士形象，塑造战士与服务员的双重形象。

5. 在衡量标准上，从单纯重视犯罪率与破案率到多指标综合评估。不仅重视警察部门自己的统计，也重视群众的反应。正确的评估，科学的衡量警务人员参与被害人调查、公众安全感、公众对警务人员的评价与警务人员满意度等多方面参数，综合评断，全面评估。

6. 在力量的主体认识上，以警察为主题到以社会为主题，逐步认识到产生犯罪的根源在于整个社会，打击犯罪的主体也在于整个社会。警察在抑制犯罪的斗争中起着重要作用,但不是决定性作用,应树立自我警务与全民皆警的观念。

7. 在领导体制上,中央集权与地方自治的差距越来越小。以英美为代表的地区自治警察正在向加强全国统一协调、统筹领导的方向发展。以法德为代表的中央集权警察逐步向分散权力,建立地方警察的方向发展。

8. 在警察队伍性质上,军事化与平民化警察差距逐步缩小。军事化与平民化相互包容。法国的宪兵是准军事化的代表,英国警察需要建立军事化,武装性质的快速反应部队。如英国平民化警察一般不佩枪,但是由于爱尔兰共和军恐怖主义活动加剧,英国警察部分佩枪,并建立了快速反应部队。另一方面,由于暴力对抗造成了严重的社会矛盾,"最大限度地限制武力论"成了西方警察行动的主要原则。例如在对待民众闹事时,警方采用"以表面的失败赢得胜利的战术",以少数警察被打致伤,引起社会舆论同情达到平息事件的作用。宣传上的平民化与组织建设上的准军事化,是警务改革的趋势之一。

9. 在对待私人警察方面上,国家警察与私人警察共同发展,警察私有化趋势明显。由于私人警察具有可节省开支,补充警力,进入私人企业、住宅,行动灵活,便于招募等优势,英美两国的私人警察队伍现在已比在编国家警察人数多出几倍。

10. 在警务合作方面,从单一的警察行动,逐步向地区与洲际的警察行动发展,除了信息交流、协调行动式的国际刑警组织以外,国际与洲际的实质性警务合作正在开展与不断发展。欧共体的共同警察与共同边境就是很好的例证。

第四次警务革命在改革道路上"返璞归真",另辟新路的探求;

在警察定义上经历了广义到狭义，再到新层次上的广义的过渡；就警察行为而言，从整个社会集中到警察一家，又逐步返回社会。就警察个人而言，从社会全体成员过渡到特定人员，又向全体社会成员过渡，形成了一个历史的循环。

二、世界警务的走向

站在历史的转折点，对于世界警务发展将向哪个方向去，学者们提出了几个发展方向：

1. 警察所有制的私有化；
2. 警报导向警务；
3. 欧美反恐导向警务；
4. 危机导向警务。

王大伟（2007）认为新的一次世界警务革命有两个走向：一是坚持英国警察平民化特色与哲学，继续向社区警务方向延伸；二是向美国靠拢，以情报导向警务、反恐导向警务和危机警务为组合模式。其中情报导向警务是大多数学者认可的一种发展趋势。情报导向警务（Intelligence-Oriented Policing）也称为"情报引导下的警务"、"信息警务"等，往往被认为是第五次世界警务革命。警务信息化是社会信息化的重要组成部分，其实质是在警务领域广泛采用先进的信息技术和装备，有效地开发和利用有限资源以保障国家安全。充分利用社会治安和警察管理相关的信息资源，从而极大地提高警务管理、教育、训练、创新的效率和战斗力。

20 世纪八九十年代，社区警务是警务改革的中心，但是社区警务未能抑制犯罪的上升趋势。社会要求警察要更加有效益和效率。随着全球化趋势的出现,有组织犯罪与跨国犯罪日益增长。如欧盟取消各成员国边境控制后跨国犯罪成了共同的问题;"危机社会"危机四伏,使警察部门急切想从外部获得危机管理的各种信息;新公共管理理论对警务改革的冲击,强调警务改革应该引入市场经济主导;私人保安业的发展,使公有警察产生危机感,公有警察具有边缘化趋势;警察与犯罪学家应逐步形成信息收集、信息分析解读相互发展的局面;在美国,"9·11"事件以后,人们对警务工作开始重新思考,情报工作成了警务工作的重中之重。以上因素都促成了信息警务的产生。

这场在全球范围内进行的由工业社会向信息社会转变的警务革命,将利用信息技术成果和信息社会的生产方式及智能生产工具,发展信息时代的新型警务工具——警务信息基础设施和信息化警械装备。它将用数字化、网络化技术改革和创新警务模式,即把语言、文字、图形、图像、痕迹等各种类型的治安信息、警务管理信息转换成数字编码,充分发挥计算机快速处理能力和数字通信快速、准确、保密、容量大的优点,通过数字化传输手段及纵横交错的计算机网络,把各级各地警察组织、犯罪情报信息中心、警务指挥系统、警械装备系统、警务保障系统以及警员单兵系统和社区警务系统有机联系起来,实现上下左右实时或近时的信息交流,以便在整个社会治安控制范围内共享信息资源,实现警务信息、通信、指挥、控制、协同、勤务支援等功能的综合化和一体化,形成以信息、知识和技术为核心资源的新型信息警务模式。

警务信息通过网络形成一种全时空、立体化的新型警务格局,有利于打破传统警察组织条块分割的封闭性。信息技术的发展正在改变着传统的警务信息传递方式和警察力量组织方式。信息警务将是一种多警种的联合警务，将充分发挥诸警种和各种警械装备的整体战术效能，警务结构的合成化趋势将进一步加强；便于开展警察公关活动，促进警务工作社会化。

有学者认为，那种在信息封闭时代追求警察队伍规模和警械装备数量的警力发展模式即将结束，一个追求掌握信息和知识的兵精、将精、警械装备精的警务时代已经到来。那些控制现代社会治安主动权的警察队伍，必定是"人—信息—警械"高度融合的信息化警察队伍（张兆端，1999）。

三、历史的回归与上升

第一次警务革命是从无到有的进步；第二次是从不正规到正规的进步；第三次是从传统到现代化的进步；第四次警务革命是历史的进步与回归。如从车巡到步巡，从"机器人"到"更夫"，从专业化回归到社会化，这不是单纯的复古，而是螺旋式上升后具有新内涵和新外延的更高层次的回归。与第三次警务改革相比，第四次警务革命再次将警务的重点之一放到了警察装备的现代化上，但是它没有把警察变成令人敬而远之的"机器人"，而是将信息警务和社区警务系统有机联系起来，因此第四次改革是历次改革成果的兼收并蓄。

前三次警务革命是社会变革对警察提出的要求，改革的实践先于改革理论。如第一次革命是工业革命后城市化产生的阶级分化与对立的产物；第三次革命是科学技术现代化的产物。而第四次是警察自身的需求，是以科学理论的突破为先导的。

前三次警务革命目标明确，知道要改革扬弃什么，创建什么，往何处去。如第一次警务革命要建立新警察，即所谓职业制服警察；第二次警官革命要建立独立的、专业化的文职警察。而第四次警务革命在理论上提出改革后，就不知道往哪个方向发展了，不知采用何种改革模式正确，充满了困惑。如社区警务到什么程度算是建成了，没有规范；社区警务对抑制犯罪有无效果也是众说纷纭。

第一次改革时的警力基础是单纯的人力，第二次、第三次改革的警力基础是人、财、机动警械。信息时代的警察队伍把信息和知识作为与人和警械同等重要的资源，靠完善的警务信息网络掌握治安信息获取、控制和使用的主动权，依靠信息优势。第四次革命明确了当今警务的发展模式和方向，即信息化正在改变并逐步取代传统的警务工作方式，警务信息化已经成为许多国家警力增长的主要源泉。

美国洛杉矶市警察局的改革与发展

洛杉矶警察局（又称洛城警署，Los Angeles Police Department，简称为 LAPD）是美国加利福尼亚州洛杉矶的警察部门。该局有近9 900 名警官和逾 3 000 名文职人员，辖区面积达 1 230 平方千米，覆盖人口超过 380 万（根据百度百科 2016 年数据），这也使其跻身美国最大的执法机关行列。

洛杉矶警察局从建立之初至今，频繁在电影和电视作品中出现。该局常因为种族仇恨以及警官腐败等问题，陷入争论焦点。下面回顾一下这个著名警察局的发展史，特别是第一次世界大战以后的发展历史。尤其是该警局在历史上针对这些问题开展的两次非常重要的改革运动，即进步运动和警察专业化运动。

一、洛杉矶警局的进步运动（1850—1915）

（一）狂野西部

洛杉矶市始建于 1781 年，创始者是一支墨西哥派出的守备军，他们负责抵挡来自太平洋的英国人入侵。直到 1849 年被英国征服，以及淘金潮来临前，洛杉矶这块土地一直保持着荒僻与宁静。但是一群群贪婪的探索者破坏了这里古老的生活方式，创立了美国西部典型的边疆生活方式。几乎是一夜之间，这个曾经寂静的隐秘之所和"兽油仓库"变成了"西部最无法无天的城镇"，在以后狂暴血腥的 20 年里，它一直保持着这样的名声。

赌场、酒店、妓院和鸦片窟如雨后春笋般涌现。不同种族和肤色的"不法之徒"在大街上摩肩接踵。有时就在光天化日，旅行者们就会受到匪帮和印第安劫匪的伏击。致命暴力已成为家常便饭，许多警察在枪战中被杀害。因此很少有新人在该地区担任治安官和司法官。

那些"守法"公民决定要维持秩序，但他们采用的应对方法同样野蛮。市民卫队和突击队针对拦路抢劫的匪帮展开了无情的清算运动。有一次，在洛杉矶市长的领导下，一群执行私刑的民众从县治安官和司法官的眼皮底下，私自抓出可疑嫌犯来执行"大众司法处决"。这些行动甚至使那些以粗暴著称的民团力量都感到震惊。大众司法采取以暴制暴的方式，虽然可以消灭许多罪犯，但是却与法治理念相去甚远。

城市的扩展最终迫使洛杉矶市政府议会下定决心，要建立更加综合化的警察机构。1850—1869 年，该市的人口规模由 1 100 人增至 5 700 人。1869 年，该市组建了第一支有偿的警察队伍，当时的市治安官威廉·沃伦（William C. Warren）雇佣了 6 位警官服务公众。这些警官穿着警服，佩戴六角的星形肩章，配有来福手枪，夜巡警察携带有灯笼。

洛杉矶市议会试图在不增加纳税人开支的情况下，为市民提供全天候治安保护。当时市议会不给警察发放薪水，警察的报酬依靠收取的服务费，如归还丢失或失窃财务的服务费，或是提供法律文书写作的费用等。人们期望通过这样的薪资制度，鼓励警察的工作，以提高警察的工作效率。

但是这个试验失败了。这样的收费制度带来了腐败问题。例如，一位副治安官奉命要将一批逮捕证送到一个地点，那么他会一次只送一个逮捕证，这样就可以多次收费。更有甚者，报酬式的薪水造成了小偷和副治安官们之间的共谋与纵容，甚至出现了分赃不均的争执。再者，执法部门似乎还是不能或者不愿保护监狱犯人免受暴民私刑的袭扰。迫于压力，市议会后来扩大并改组了这个警察部门，并规范地支付工资，但是这支非议颇多的警察队伍还是在1876年被解散。

执法官警察部门成为了过去式，这标志着该市由边境小镇向商业大都市的重大转变。经济增长要求大量的人口来工作，但是美国中产阶级移民渴望的是安全的街道和良好的道德环境。那些副执法官只负责逮捕醉酒之徒和打闹者，仅单纯打击黄赌毒地下活动，况且他们在道路交通控制上很不给力，这样的执法部门当然不能满足现实的需要。大部分新兴的政治家要求洛杉矶市建立起与东部大城市相似的正规的执法机构。

（二）进步运动——教会组织对警局的道德改革

从传统意义上来说，警察的职责是追踪盗贼、匪徒和其他威胁人们生命财产安全的威胁因素，追寻失窃物品，逮捕流浪者，搜寻和讯问可疑人员，寻找逃犯并偶尔地英勇作战，预防溺水，预先阻止事故，守护并清理掉落的电线、协助消防部门工作等。有必要的话，他们要与亡命之徒展开枪战。在这样的环境下，警察的工作看起来是一种重要的、受人尊重的公共服务工作。

但是，绝大部分巡逻警察每天从事的是那些不需要任何专门技术、不用表现任何高尚道德和勇气的繁琐的日杂工作，也不符合任何有关警察职业的感性诠释。确实，在有的人看来，这样的工作甚至称不上是执法岗位，还贬低了警察的地位。当"口蹄疫"肆虐期间，那些执行规定的警察还要清除死亡动物的尸体和街道上的碎纸以及看护可回收垃圾和除草。

总之，这些警察没有工作保障。于是，为了获得更多的利益，警察们开始"自谋生计"。杰克逊式①（Jacksonian）的政党分肥制迅速发展起来。警察看市议员的脸色行事，政客们把工作交给了自己的亲信警察，使他们成为自己的政治献金者而不是仅为公众提供逮人服务。政客们时常可以控制警察的指派、晋升、降级和开除。

似乎政治忠诚、言行粗鲁、随时准备干架就是当警察的唯一标准。市民以及政客们都把洛杉矶警局当成是低级的官僚任免机构，而不是受人尊重的公共服务机构。那些有能力的、正直的警察很少能接受在这样收入极少、无所事事、社会地位低下的警局工作。有些人终身从事这个职业，但是绝大部分人很快辞职了。

有些人抓住了警察服务于商人的这个机会，利用职权作为敛财的手段。只要给钱，许多不法行为都可以被忽略。有一小部分警察看穿了当地的局势，他们密切地巴结市政府的政客，这是他们获得名利地位的最快捷径。

---

① 信奉个人主义，崇尚企业自由竞争。

19 世纪 50 年代至 60 年代，洛市存在大量赌场。许多赌场还提供烈性酒和妓女。随着商业中心和住宅区的扩大，市政府出台了一系列法规，在一定地区禁绝这种生意，但是其他地方就没有人管了。市议会虽禁止人们赌博，但是非法赌场仍然在营业，酒店也是如此。

这个小小的西部城市也像东部其他新老城市一样，经历了许多警察违规执法问题，如贪赃枉法、强取豪夺、滥用暴力、粗蛮无礼和效率低下等。公众对警察行为的不满飙升，道德改革家们改组该警局的决心也不断增强。于是，对这些罪恶忍无可忍的教会组织开始插手洛杉矶市的政治。他们首先是要求这些赌场、酒吧提早打烊、周日不得营业；尽管人口越来越多，他们还是成功迫使警局逐步减少发放酒店营业执照。这使得酒店大佬和警察沆瀣一气，销售非法烈性酒的酒店仍旧继续营业。

1889 年，这些道德改革家们重写了该市的城市宪章，提倡"非政治警察服务"理念，要求警察脱离政客的控制，成为一支独立的力量。新宪章的出现标志着闻名美国的"进步运动"的首次胜利。一部分具有自我意识的美国本地中产阶级迅速崛起，与其他利益集团竞争掌控该市。进步主义者深信，宪章改革可以解决本市的问题，1889 年的宪章重写仅仅是他们解决道德和社会问题的诸多努力中的第一步。具有讽刺意味的是，随着进步主义者人数不断增加，宪章改革也变得轻而易举，但是他们的清教徒道德观和对市政开支的过于节俭的态度，不但使得许多老问题又死灰复燃，还带来了更多的新问题。

1902 年，城市宪章被再次改写，新的修宪运动要求加强警察局局长的权力，使警察局第一次开始走向独立。警察局局长可以随意集中或是分散管理警队、建立或废除分支部门、部署人员、制定或重新制定政策等。但是 1902 年的宪章之战产生了两种难以预料的结果：其一，改革派将他们对贪赃枉法的憎恶写进了基本法中，禁止在城市范围内卖淫和赌博，最后却发现他们自己处在一个前所未有的腐败年代。其二，"反腐败改革"成为了此后半个世纪内洛杉矶市政治选举的标准性竞选策略。"反腐应该成为此后五十多年最敏感的政治问题"，这句话表达了当时选民们的心声。1900—1904年，洛杉矶市先后有三任市长都是因为行为不端而被选民抛弃，有五任警察局局长灰溜溜地离任。

进步主义改革的第一个 25 年就这样过去了。改革的主要目标是警局的政治重组，主要着重的是建立适当的警察行政管理方法。总的来说，从 1889 年宪章建立开始，经过 1902 年、1909 年和 1911年几次宪章修改运动，进步运动早期的政治目标还是得到了实现。"警察职业化"已经起步，尽管人们很少在警察大会以外听到这个称谓，但是"直接民主制"① （direct democracy） 确实存在。理论上来说，市民可以开除表现不能令人满意的官员，并按需修改法律。警察的"无党派中立主义"使得市政府的权力完全被交到了本土的白种清教徒共和党人手中。

二、第二次进步主义运动（1915—1923）

洛杉矶一方面是一个大都市，欢迎各种族的人员加入，如印度

---

① 是指任何公民都有权利和义务直接参与国家事务的决策和管理的民主制度。

锡克教徒、菲律宾人、中国人、日本人、墨西哥人、黑人以及来自南欧和东欧的白人。更重要的一方面是，它是一个省级城市——相当于西海岸的爱荷华州的首府。这里的社会意识由三种正统观念组成。其政治信条是"本土进步主义论"。其经济标准是"美国体系"，即自由雇佣（制）。其宗教信念是清教主义，特别是卫理公会派①和长老会②宣扬的教条。

大体来说，当时控制商业和政府的本地中产阶级清教徒认为：有色人种都是可疑的、天生堕落的；那些来自"落后国家"的白人同样也是道德败坏且危险的，因为他们习惯喝啤酒或葡萄酒，他们是天主教徒或是犹太人或无神论者，他们在阶级冲突和社会改革方面主张与美国制度不同的"外来"原则。于是，那些专门收集并揭发丑闻的杂志报道说，这些人在洛市拉帮结派，为腐败滋生敞开了大门，这种"邪恶"使得宗教组织认为非常有必要进行一场进步主义运动。

但是对于清教教士而言，他们很少考虑到进行必要的，甚至是急需的经济和社会改革。对他们而言，改革仅仅意味着执行洛市的法规，禁止赌博、卖淫和饮用烈性酒精制品。教士们认识到，黑社会组织得到了警察的包庇，这使得改革派与警察管理人员之间冲突不断。

第二次进步主义运动开始时期，有组织的黄赌毒活动再次出现，看起来似乎难以根除。政治私利、战争、城市增长和《节约法

---

① 英国约翰·卫斯理（John Wesley）1703-1791年中创立了基督新教卫斯理宗（Wesleyans）。教会主张圣洁生活和改善社会，注重在群众中进行传教活动。
② 基督更正教的一派，他们的根源从16世纪的西欧改革运动开始。

令》的颁布等因素，反而刺激了人们对赌博、卖淫和非法售酒的需求。随着巴拿马运河的开通、洛杉矶港的建成以及"一战"的开始，洛市外来的非常住男性数量，即黄赌毒行业的消费者数量剧增。这个城市立即成为了美国西部的海港、海军兵站和军营。新的工业吸引了更多的技术工人的到来，"战地工厂"雇佣了许多劳动力，不断增长的移民数量需要成千上万的工人来建造房屋和公共设施。

洛市人口 1920 年达到 57.6 万人，1923 年达到 77 万人。同时，洛市 1916 年的《甘地战时禁酒令法》（Gandier Act），加上第十八次宪章修正案和《沃尔斯特禁酒法案》（Volstead Act），造成了史无前例的警察执法危机。警察和政客们贪污腐败的机会比以前更多。随着这种利益的增加，越来越多的警察和其他官员都渴望分得一杯羹，黑社会组织的老大们也开始大行其道。进步党人发现自己关心的道德问题又出现了，于是丑闻—改革—丑闻的古老轮回又开始了。

在这个"咆哮的 20 年代"①（Roaring Twenties），出现了"道德约束的崩溃"。无政府主义、共产主义和"世界产业工人组织"成员等都大力抨击美国制度。"美国劳工联合会"② 组织的罢工运动扰乱了美国的交通秩序和邮政服务。激烈的禁酒斗争和大规模的

---

① 是指北美地区（含美国和加拿大）20 世纪 20 年代这一时期，尤指第一次世界大战后的美国。十年间，美国的政治、经济、文化、科技发生了翻天覆地的变化。在此时期人们普遍感受到一种现代化带来的断裂感，人们争相打破传统。有人称这是"历史上最为多彩的年代"。

② 美国劳工联合会是一个影响较大的劳工团体。它是一个按照行业组织起来的技术工人的各个工会的松散联盟。劳工们迫切希望早日加入中产阶级行列，在现行制度下改善自己的经济状况。这便是劳联的基本路线。

群体违法事件标志着"禁酒时期"的开始。小汽车数量激增，使得那些"愤怒的年轻人"能逃脱社区的处罚。洛市的混乱状态还在继续，那些游手好闲的失业人员也在不断涌入该市，城市的犯罪率达到了空前的高度。

同时，洛杉矶警局从局长到警员都明显感受压力。警局重新聘用曾由于犯有袭击罪、盗窃罪和贪污罪而被警局开除的几位警察。在利益驱使下，几个很受黑社会老大信任的流氓警察就成功控制了警局的"打黑小分队"，扮演着收税人或是收回扣者的角色，在确保除黑社会组织的黄赌毒产业的运行外，其他人不得进行任何黄赌毒活动。有必要时，他们可以安排一次"警方突袭清洗行动"，当然那些重要的犯罪头目都能逃之夭夭。此间，该市几乎又回到了边境小镇的混乱状况，人们公开赌博、贩卖私酒和卖淫。扒手和老千可以在洛杉矶警局侦探局的直接领导下开展行动。

警察敲诈勒索小走私贩、赌徒和摩托车手是当时最司空见惯的违规执法方式。警员参与抢劫、入室盗窃、贩卖私货和袭击妇女也不是什么新鲜事，更不说当众醉酒了。警察的这些犯罪方式反映了单个警察为了维持较高的生活水准而不惜铤而走险的决心。

在这片喧嚣和混乱中，著名警长奥古斯都·沃尔美①接受任命，担任洛杉矶警局局长。沃尔美的任命，可以说是25年以来警察专业化的顶点。自此以后，不管是黄赌毒业操控的"机器"政治家，还是警察管理者，都标榜自己是警察职业化和进步运动

---

① 美国20世纪著名的刑事犯罪领域的领军人物，被誉为"现代执法机构之父"。

的支持者。

对于这段历史，奥古斯都·沃尔美在他的《警察与现代社会》中说道，此时的"加州的洛杉矶是黑社会组织控制政府的最好例证。一个由牧师领导的小团体经过不懈努力，力图从该市剔除赌博和卖淫，结果那些黑社会人员为了要保护自己的商业利益，被迫形成了防御组织，以表面支持竞选运动的形式向政治团体大力献金。任何试图履行自己的职责、摧毁那些邪恶匪巢的警察局局长都会很快终结自己的职业生涯。黑社会组织活动因而大行其道，公众的抗议被视而不见，执法警察的斗志明显受挫，所有的一切活动只是为了加强政客们的力量，他们每天都在腐蚀着我们的市政府"。

三、奥古斯都·沃尔美时代（1923—1924）

沃尔美是个乌托邦式的进步主义者，他的终极理论专注于人类的道德改革，并创造一个没有犯罪的社会。他坚信环境对人的影响，但是大量的累犯行为还是让他怀疑监狱改造的效能。他寄希望于通过消除犯罪行为来实现犯罪预防。他赞成对在校学生的反社会行为苗头进行仔细考察，并在必要的情况下隔离那些态度偏离常规的学生。为了建立一个更美好的社会，他呼吁为成人提供更多的工作岗位和较好的待遇，为青少年提供有益健康的、有较强道德约束力的娱乐项目。

沃尔美认为，高效的警察机构和改革后的城市应该具备两个要素：其一，完全不受政治影响的专业化的警队，警队成员必须有足够的理解力、待遇优厚、训练有素、有敬业精神、受人尊重，能使用任何现代科技工具。其二，城市公民必须具有头脑、消息灵通、正直诚实，他们愿意为了公众福利而纳税，随时遵守法律、举报违法者，但从不指责、鄙视和腐化警务人员。

沃尔美采取了一系列改革措施，如治理腐败、提高警察士气、重新获得公众的尊重、培训人员、为警局争取新设备、升级监狱、改造罪犯、完善并规范日常行政工作、为警局重组制定政策等。不管按什么样的标准评判，奥古斯都·沃尔美在任期内都取得了很大的成就。他将警局进行功能化重组，分化成单个的分局，这是许多年来警局局长第一次真正地从法律意义上实际掌控了警局。还有，局长的职位受到公务员编制保障，这使得人们相信，正直坚决的警察官员可以彻底铲除洛市受包庇的犯罪行为。确实，沃尔美证明，当局长的职位受到公务员编制保障时，一小群正直的警察就可以打败有组织犯罪。

尽管果断的沃尔美局长可以保护自己的组织不受外部的干扰，但是当政客们或是公民精英中的任何一方放弃了他时，局长的宏图大计就可能竹篮打水一场空。由于打击地下犯罪的激进措施以及其他政治力量的作用，沃尔美在政治的竞技场上最终还是输了，最后他选择了辞职，或者说是逃避。沃尔美的雷厉风行和黯然退场，可以说是他自身和外部原因综合作用的结果。他的离去令一部分改革派扼腕，但是他提倡的改革措施和改革理念在此后的警局改革史上产生了深远的影响。

四、"机器"政治①组织横行（1925—1940）

　　沃尔美的离开，加上随后的犯罪委员会瓦解，这些因素综合使得"机器"组织在长时间里压制住了进步政党。改革派们极力想建立起一个诚实的行政管理机构，并打击有组织犯罪，但是他们再一次感到失望。此后 15 年间，警局的管理几乎瘫痪。警察局局长如走马观花般地换任，他们要么头脑简单，要么是涉黑势力的积极盟友。洛杉矶警局因以野蛮的、违背宪法的方式对待流浪汉、激进劳工组织者、政治运动组织者和对市政管理的批评者而臭名昭著。

　　在此期间，警局变得非常腐败，毫无纪律可言，以至于无视人权和自由成了常态，公开的黑社会活动四处泛滥。改革派们艰难却徒劳地抵抗，想要选举出诚实正直的人来管理市政府和警局。但是警局的监督机构——警察管理委员会，很快推翻了警察公务员聘用条例。经济大萧条迫使警局向外售卖职位，价格在 300 美元以上并且晋升机会也可以买卖，除此之外，公民个人记录也被非法篡改以隐瞒不法的任命。沃尔美时期确立的招警体能和心理标准实际上已经形同虚设。

　　经济大萧条严重地影响了警局的工作条件，如 1932 年，警察们"被"要求缩短值班时间，这样就可以合法减少警察 10% 的工资支出，许多拒绝减薪的警察被直接开除。为了摆脱政客的操纵，

――――――――――

　　①　黑社会地下产业的老大以及其控制的政客随意干预警局事务，将警察当成是实现自己目的的工具的现象。

改革派决心建立有效的、遵照宪章的警察纪检程序，限制局长在纪律惩罚事务中的自由裁量权，将警察的既得权利编入宪章。

在这混乱的 15 年里，许多坚定的道德改革派顽强地坚持斗争。他们提交了一份少数派报告。尽管这份少数派报告咬文嚼字，但是还是一针见血地指出："一个强大的、贪婪无情的地下世界政治'机器'，拥有从非法产业获得的大量资金来源，正在对洛市政府施加可怕的恶劣影响。"该报告列出了 30 多个当地的帮派成员的名字，并揭示了黑社会组织是怎样支持和控制政客的。报告宣称"洛杉矶县的三大主要执法机关，即地区检察官、县长官和洛杉矶警局局长完美合作，从不干预地下世界大佬们的非法活动"。

洛市政坛年度最怪异的事件发生在 1938 年 1 月 14 日。有一位警探的汽车遭炸弹袭击，巨大的冲击损毁了整个汽车及车库，远处的房屋玻璃都被震碎，这位探员自身被弹片划伤 120 多处，但是却奇迹般地活了下来。所有证据都指向洛杉矶警局特别情报分部的指挥官。此人是洛杉矶历史上最声名狼藉的"干肮脏行当的人"。他曾被反复开除又复职，曾操作一个团伙到处招摇撞骗、敲诈勒索。爆炸案后，许多新的教会、工会、商业和社会团体都团结起来，要求推翻政治"机器组织"和犯罪联合体。运用金钱、组织和宣传，加上清晰的竞选话题，这次改革取得了成功，进步主义者终于占据了洛杉矶市政府的最高职位，这 15 年的警局混乱终于得以终结。

五、改革的一代

沃尔美曾预言："改革需要两代人的努力，才能创造我们想要的警局。"1940年后，道德宗教改革派占据了警局管理的上风，他们揭露了警局内大规模的渎职、包庇和贪污行为。有些警察丢了饭碗，但是很少有人受到指控。新一代的警察管理委员会遵循三条政策：一、全面清除各种规模的黑社会地下产业；二、实现警察的公正执法；三、清除不合格的警员。当然，每一条政策都遭遇到了强大的阻力。新的警察管理委员会重新恢复了警局的原有法规，禁止警察在台球房流连、向商家讨便宜、执行公务期间饮酒以及为律师和保释人做代理等。警署专员们禁止警察出售购物彩券和其他证券，警告他们不许寻求个人在媒体上曝光，剥夺了绝大部分警察的"特别勋章"，取消了警察仪仗队、乐队的特权。他们还建议每名警察每月报告自己的收入数目和来源。

改革派专员们继而关注起警局的人事问题，那些够资格领取养老金，但是不称职的警察被淘汰。这样大批的裁人行动产生了两种深远的影响：第一，它清除了几乎所有与黑社会组织合作过的高级官员。一些资深警察说，腐败小集团再也没有控制住警局，尽管警察队伍里还有一些不诚实的人。这是改革走出的巨大的第一步。第二，开除那些游手好闲的警察，破解了黑社会组织在洛市的势力。警局的整肃减少了对黄赌毒产业的包庇行为，但是没有将之彻底铲除。在某种意义上，这些行为比以前更加公开化。那些处于洛杉矶县管辖范围之外的赌船，不断在报纸上、电台或是用空中文字（飞机放烟在空中写成的文字或图案）等方式刊登广告。

"二战"的爆发给警察队伍带来了严重的考验。洛杉矶是重要的港口城市，是飞机制造业中心，大量的空缺职位像磁铁一般吸引着人们。大街上到处都是拥挤着寻找酒、赌场和女人的男性。但是，市议会拒绝扩大警局的人员规模——实际上，警局的规模比以往还缩小了，因为数以百计的警察加入了军队，其他几百人退休了。"战时紧急"临时任命的警察填补了警局的大部分空缺，但是聘用大批不能满足警察工作体能和心理要求的人，造成了严重的问题。警察暴力代替了腐败，成了被人批评的焦点。

鉴于警察队伍的各种问题，洛杉矶警察学院再次开办起来。南加州大学的一些教员负责培训该学院的警察，教他们怎样指挥下属。1938 年毕业的第一期的警察标榜自己是"尽忠职守的人"。即使在"二战"期间，该校为期 6 周的培训仍在继续。战后，服兵役的老警察一回来，那些不合格的临时警察马上就被解雇。战后招募的警察们继续进行全面的培训项目。

新的警察们接受了"职业"警察的理念，警局局长的位子变得相对安稳。尽管公众有时被警察的暴力事件激怒，但是他们不再把警察当成是包庇贪赃枉法的犯罪分子的马屁精。绝大部分年老的腐败警察已经退休，警局似乎正朝着 1938 年改革派制订的方向慢慢进步。

六、帕克的职业化时代（1950—1966）

威廉·帕克①是在历史正确的时间、正确的地点出现的一位正确的人物，他将警局的法定自治从理论变为了现实。在此过程中，他的机构管理能力在国内和国际上都名声斐然，与埃德加·胡福

① 威廉·帕克（1905 年 6 月—1966 年 7 月），洛杉矶警局局长，被称为"洛杉矶史上最伟大、最富争议的局长"。在警队履职达 39 年之久。

（Edgar Hoover）、奥古斯都·沃尔美（August Vollmer）和奥兰多·威尔逊（Orlando Wilson）齐名，是美国最著名的警察之一。他的成功应该说是时势造英雄。在丑闻满天飞的余波里，帕克的廉洁、严格的道德标准和长期担任警局公诉人的身份，使得他成了理所当然的局长候选人。

作为一名警局改革者，帕克面临许多典型的改革问题。洛市的人口规模在迅速扩大，但是犯罪率在以更快的速度上升。这为警队带来了持续的压力，也要求局长不断去游说政客，以增加警察人员、资金和机器设备的数量。黑社会产业既是个市政道德环境问题，也是个可以加以利用的竞选话题，它不断继续刺激着教会人员、媒体记者和政治机会主义者的神经。由于一小部分警察官员滥用了自己的权力，使得人们怀疑整个警局的廉洁问题。优秀的人才仍然不愿从事警察工作，一部分原因是警察的待遇很差，另一部分原因是警察的社会地位低下。

与以往的改革派局长一样，帕克在重组警局的官僚机构上取得了巨大的成功。他的第一项创新就是建立"行政局"（Bureau of Administration），简化指挥机构，缩减行政人员数量，将直接向局长报告的14人减少到8人。行政局将事务分部（business）、公共信息分部（public information）、内务分部（internal affairs）、情报和行政打黑分部（intelligence and administrative vice），加上新建的"策划与研究分部"（planning and research）统一成一个部门。该行政局为现存的技术局（technical services）、矫正局（corrections）、侦查（detectives）、交通（traffic）、巡逻（patrol）、青少年管理（juveniles）和人事与培训（personnel and training）等部门提供专门服务。

　　警察招募工作是洛杉矶警局长期面临的问题。尽管公众一遍遍被告知，史上最优秀的局长和最专业的警察队伍在保护着洛杉矶，但是帕克还是要求投入更多的警察来打击犯罪、拯救日益堕落的道德观和"共产主义"威胁。帕克显然认为每个洛杉矶警局的成员都必须是宣誓之后着正装的警察。"二战"后的招警为警局充实了2 000名警力（增幅为83%），总人数达到4 442人。1950年，帕克要求再聘请2 000名警察，取代原来的700名不领薪水的预备警察。1956年他要求再增加2 300名警力，并在1957年将这个要求提高到了5 000人。他要求增加警力的理由包括青少年犯罪的不断增加以及打击黑社会活动的需要等。他拒绝降低招警的体能标准，是为了培养更多合格的警察，他相信身材矮小的警察在执勤时更容易受到攻击。

　　帕克还在其他方面开始节省资金。帕克将传统的两人一组的机动车巡逻，改为每一辆汽车配备一名巡警。他迫使县执法官承担为全市囚犯提供房舍的责任。凭这一条每年就节省了几百万美元的资金，也使210名原来担任狱警的警察可以上街巡逻。在帕克任期内，洛城警署在美国司法机关中首创了特警队（Special Weapons and Tactics，SWAT）。

　　正当改革事业开展得如火如荼时，帕克局长却突然离世。1966年7月16日，这位时年64岁的老警察因心脏病突发去世。虽然许多媒体和个人常将这个时期的洛杉矶警局奉为"美国最佳警局"，但是帕克本人可能也会反思、怀疑犯罪率与执法机关的行动之间是否有必然的联系，或是联系有多大，因为尽管警局花费很多时间、资金和精力来招募、培训警察及添置装备，但是洛市的犯罪率还是在继续上升。

帕克风格的警察专业化措施存在严重不足。他对专业化的解读只是发展了沃尔美的多元视角的某一方面，强调的是行政功能的官僚制化，寻求充分利用警察职能，最大可能减少基层警察的自由裁量权。帕克的军事化管理模式体现在他设立的诸多规定中，可以也确实已经培养出了一支诚实、忠顺、体格健壮、打扮利索的警察队伍，但是他对权力和权威的看重使警局脱离了大部分社区居民。

到 1965 年，大体而言，帕克模式已经风行全国，但其不足之处在每个城市的警局都备受争议，市民和警察之间发生了严重的对抗。有些批评家将警察工作看成是不需要任何技术的劳动。他们建议将警队撤出贫民区，取而代之以"社区自我控制"，建议选派一些该社区的居民担任警察角色。建议者们认为，一名住在该社区的当地人不会对自己的人民或是恶棍实施暴力、冷漠无情。按他们的假设，在难以控制的情况下，这些社区监控警察可以召集贫民窟的伙伴组建民防团，就像以往的边境时代那样追缉犯罪分子。

还有的批评家要求进一步实现警局的专业化。对有些人来说，这就是帕克的典型方法：更多的警察、更多的防暴训练、威力更大的武器装备和更大规模的镇压行动。而那些更理智的专家，包括许多警局内部成员，更偏向于使用进步主义者的灵丹妙药：提高警察的教育背景要求。不管是无心还是故意，他们走上了沃尔美的老路，主张使警局成为一支高效的、有进取心的和平工具，但是寻求以明智的方法解决人力的问题。洛杉矶警局的上层里就有许多这样的人，他们自 1938 年市政府以来一直在改革进步的气氛中为警局服务。他们接受了警察专业化这个事实，但是他们的理念远远超过了威廉·帕克的官僚机构教条主义。

七、后帕克时代

在威廉·帕克的执政时期，似乎改革派已经达到了他们最想要的目标。经过多年的斗争，进步主义者和警员合作，促成了全国闻名的警局的产生，洛杉矶警局因为其有条不紊的管理而广受赞誉。新的模范警察，即诚实、聪明、纪律严明的警察，代表了改革派对警察个人价值的期待。"高效"的模范警局，即训练有素、装备齐全、宏伟的办公楼宇等，也表明了警察专业化需要大量的资金成本。

当然，犯罪行为还是存在，事实上洛市的犯罪率是全国犯罪率的两倍，但是评论家们把责任归结于社会，而不是警局的问题。这个巨大的转折很大程度上归结于人事管理和技术成熟，但是这都不是改革取得成功的首要因素。一般认为，首要因素是警察的自主管理，即在警局管理中清除"政治干预"。警局一直不断强调这一点，但是却忘了另外补充一点原因：民选的代表们没有合法权力控制警局。

在后帕克时代，洛杉矶警局打败了所谓的"反主流文化"①（counterculture）、黑人和棕色人种武装分子、中产阶级民权运动者

---

① 20世纪60年代，美国社会中青少年对越南战争、种族关系、性道德、女权、传统政府模式、美国梦的物质化解读等都与主流文化背道而驰，美国社会学家贝尔评价说："反主流文化是生活方式的一次革命，它主张对刺激的追求、对幻想的探索，以免于约束的名义追求各种形式的乐趣。它自称敢作敢为和反对资产阶级社会。"

和（大街上，校园里的）反战运动者。改革后的"去政治化"警局在洛市政坛扮演了鲜明的角色，经常成为洛市缺乏政治选举的话题，也是人们争论的主要目标。

这个时期，洛杉矶警局内部出现了分裂。大概 20% 的警察获得过警察学院的文凭，其余的人中大概有一半人上过在职大学。警局里有很多理想主义的年轻警察，他们代表了最高的警察专业理念，接受法庭提出的"保护市民宪法权利"的决议，即使这些决议会"束缚"警局。

对于此段历史，有人从洛杉矶警局的发展历史中总结了一些经验。第一条经验就是，在民主制的美国，没有武装自治官僚机构的存身之处，如 1950—1992 年的洛杉矶警局。第二条教训就是，虽然警察工作可以、也应该是一种职业，与教育业和法律业一样，但是却没有达到已被认可的职业的标准。因此，警察不应该被称为是专业人员，不应该受到专业人员的待遇，如果他们表现得不够专业，就不应该享受到专业人员的薪水。在警察学院培训 6 个月或更短的时间，其中一半的时间用于身体对抗训练和射击训练，这点时间的培训不能称作是专业训练。这不是说警局里没有职业警察，只是这样的人很少，一般很难在日常的巡逻车辆里找到这样的人。第三条教训就是，警察人力资源的素质比其他任何因素更重要。因此警局的人事部门应该建立自己的理念目标并向公众广而告之。招募的人员必须认同警局的理念，并且在他们达到了这些理念时应该受到奖励和晋升。

八、社区警务（20 世纪 80—90 年代）

奥古斯都·沃尔美认为，警察工作应该被看成是"社会工作的最高形式"。绝大部分警察反对这种观点。事实上，他们会强调他们不是社会工作者。如果他们不是社会工作者，他们就不应该被雇佣，而应该选择其他行业的工作。抓捕和审判暴力犯罪分子往往需要大量的人力物力，但是这是一种艰难而不确定的活动，不是为了满足人民的需求而做的。抓人不应该是警察的首要工作。但是警察不能自己单干。在 20 世纪 90 年代，这个年代的警务模式是"问题导向警务"和社区警务。社区警务的核心目标就是维护社会和平，促进城市社区居民的安全感，并让个人参与到保护和改进社区的行动中。

社区警务是个复杂的概念，因为它可以追溯到 1829 年罗伯特·皮尔表达的理念，但是这是一个很好的概念，它主张将警察和公众联系在一起。洛杉矶警局先后开展了"社区关系警察项目"（Community Relations Police，ORP）、""邻里守望"（Neighborhood Watch）的社区犯罪预防计划、"社区机动化项目"（Community Mobilization Project）等，这些措施具有很好的效果，虽然有些人还是坚持认为"警察不是给人们倒咖啡的服务员，或是和他们聊天的好伴侣。我们加入警队是为了将犯人投进监狱"。

但是，当时的社区警务也并不是受到所有人的欢迎。那些社区警务项目组织得很不周全，监管不力，绝大部分警察不大重视。他们逃避与社区的必要会面和交流，加上警局管理层的理念分歧，社区警务不时地会被打断，"积极对抗性警务"取而代之。当然对抗性警务也没有能杜绝社会问题，而社区警务在缓和警民关系，预防犯罪方面起到了越来越明显的作用，因此人们有理由相信，洛杉矶史上出现的，像"罗德尼·金事件"① 这样的暴乱应该不会再发生了。

九、结　语

纵观洛杉矶警察局自建立到目前的发展历史，我们可以看出世界警务模式的转变。从最初的建警创制，到 20 世纪 20 年代的警察专业化，再到 20 世纪 30 年代至 70 年代的警察现代化，再到 20 世纪八九十年代的社区警务，洛杉矶警局改革的主要推动力从宗教团体转变为专业警察人才。这种从车巡到步巡，从"机器人"到"更夫"，从专业化回归到社会化，这不是单纯的复古，而是螺旋式上升后具有新内涵和新外延的更高层次的回归。

正如《洛杉矶警局》一书的作者所言，去政治化的警察管理是最理想的改革措施，但是不管在哪个国家，警察作为一个国家暴力机器，要实现其"诚实、公正、高效和人性化的公共服务理念"，彻底去除警察的腐败等问题，我们都还有很长远的路要走。

---

① 1991 年 3 月 3 日，洛杉矶，4 名白人警察殴打黑人青年罗德尼·金的过程被人偶然摄入录像镜头，4 名警察遂因刑事罪遭到加州地方法院起诉。一年后，以白人为主的陪审团判决"被告无罪"。判决一出，当地黑人群情激愤，聚众闹事，烧杀抢劫，引发了一场震惊世界的大暴乱。短短几十小时内，54 人"阵亡"，2 328 人受伤，1 000 多栋建筑物被焚毁。

计算机统计模式

——一场警务革命的开始

COMPSTAT（computer comparison statistics，计算机统计模式）是美国纽约市警察局采用的一种以计算机信息数据驱动的警务控制犯罪模式。这种模式是一种多元化的系统，用于管理警察业务流程运作。纽约、新奥尔良和明里波利斯的警察局自从采用 COMPSTAT 模式后，犯罪率出现了两位数的下降。1996 年，COMPSTAT 模式获得了"美国政府创新奖"。

1994 年，纽约市警察局局长威廉·布拉顿（William Bratton）专员发言说，"有朝一日，当我们回头看看自己当辖区局长的时光，定会为 NYPD 的转变而骄傲；我们将史无前例地降低纽约市的犯罪率并创造历史"。后来的事实证明了这番讲话的预见性，而 COMPSTAT 就是降低犯罪率的驱动引擎。人们认为。COMPSTAT 不是解决所有犯罪问题的答案，它是一个寻求答案的论坛。如果能很好地运用 COMPSTAT 会议，就能为警局引入、创造并分享创新性的犯罪策略。COMPSTAT 的魔力就是使纽约市警察局的所有成员都意识到自己肩负的重大责任，让他们明白，在降低重大犯罪率方面，哪怕是一点一点小小的成就都将最终促使全市犯罪率的下降。

20 世纪 80 年代到 90 年代初，纽约市的犯罪面临失控的局面：包括谋杀和抢劫在内的暴力犯罪数量逼近历史最高纪录；商业组织纷纷开始撤离纽约；旅游业生意变得冷清。在市长丁克斯（Dinkins）和专员李·布朗（Lee Brown）的领导下，纽约市通过了《安全街道——安全城市立法》，扩大纽约市警局的人员规模，补充了大概 5 000 名警务人员来充实纽约市的社区警务部门。该战略实施后两年间，纽约警察局将犯罪率降低了 1.2 个百分点，这在当时被认为是一个辉煌的成就。政府大选后，新市长鲁迪·葛兰迪（Rudy Giuliani）聘用了威廉·布拉顿担任警局专员。布拉顿预计，在他的任期内，纽约市的犯罪率将降低 10% 以上，这将是纽约市现代警务史上前所未见的成就。他的预言不仅在当年就实现了，而且在以后的许多年里不断地被印证。每种一类重罪的犯罪率都持续地大幅度下降，在运用 COPMSTAT 系统 14 年以来，纽约市的一类重罪犯罪率下降了 74%。

纽约市犯罪率的大幅下降受到了社会的广泛关注，世界各地的警察机构纷纷派遣代表来学习和参观，大家都想知道这样的奇迹是如何发生的。纽约市警局应其他机构的要求，向美国国内外派出了多个小组，传授自己的经验。那么，什么是 COMPSTAT 战略会议？为什么它会产生这么大的影响，引起这么多警察部门的注意呢？COMPSTAT 是一个程序、一种论坛、一个可靠的信息系统。要想很好地理解这个概念，我们首先必须对参会人员、会议内容以及与会者的收获进行了解。

首先，任何旨在打击犯罪的警察局、城市警察机构以及私人机构都可参加 COMPSTAT。由于纽约市警局是一个非常庞大的机构，纽约市是一个巨大的城市，所以其 COMPSTAT 会议分行政区进行，即 7 个纽约市行政区就有 7 个 COMPSTAT 会议。除此之外，任何能够提出警务问题的机构或组织都可以被邀请参加 COMPSTAT。从每个行政区挑选出来的辖区局长（通过犯罪率和犯罪模式进行挑选）轮流展示他们的犯罪战略、模式、项目，探讨辖区的警务问题以及取得的成果。此外，参会人员还有辖区侦探分局局长、RAM（抢劫逮捕队）分局局长、交通（地点）分局局长、PSA（公共事业管理）局长、实地情报警员、打黑组警督以及其他任何负责辖区犯罪问题的警督。以上每个分局的代表都能准备随时提供自己掌握的警务信息。尽管有些辖区的局长可能本来不打算在 COMPSTAT 上发言，但只要他们对近期犯罪案件或犯罪情况有所了解，他们都能随时即兴发言。

参加 COMPSTAT 战略会议，要做好两种准备。最重要的准备工作就是对当月每天出现的治安问题进行分析、设计战略、实施方案以及调整战略，以期成功降低犯罪率，满足公众要求。第二种准备工作就像是博士生的毕业论文答辩：人们必须了解事实情况并真实地呈现结果。开会时，警察们随身携带着一个活页本，其上记录了他们收集的相关详尽信息，准备应付会议上人们提出的各种刁钻问题。COMPSTAT 会议上的这些提问者都是经验丰富的老手，比如某局行动部副警监、警察局局长（最高职务级别人员）、处长等。这些人提出的前所未闻的尖锐问题往往使那些早有准备的报告人都措手不及。在召开 COMPSTAT 会议时，报告人站在讲堂上，身后有三个大型屏幕，展示如下信息：

• 数字地图，描述特定犯罪的投诉（报案）数量以及被某分局或有关警员逮捕的罪犯人数这为人们提供了一幅相关地区警力调遣的可视图片,如打击犯罪组是否在抢劫发生的地区巡逻,或是否在其他地区寻找可疑人员。

- 柱形图,描述犯罪发生的时段与逮捕的时段对比

如果一种犯罪形式和趋势发生在周末的午夜后,就应该在这个时候部署警力。

- 饼形图,表示指挥层下达积极逮捕令的人员的比例

它表明是否每名警察都参与了警务,还是少数警察负责90%以上的工作。

这些基本的图表、地图以及其他对当地特殊问题的描述,清楚地呈现出相关警务战略的效果、资源的部署以及人员的投入情况。各分局局长都有机会讲述他们的情况,同样也必须解释这些图形表明的意义。如果针对一系列投诉(报案)没有实施过逮捕行动,那么最可能的原因是警方正在进行针对该犯罪的秘密行动,逮捕也是不公开的。另外,屏幕上还会展示人民群众生活环境的录像,如街道嫖娼、露宿的流浪人员、乞讨、涂鸦等。这些情况对犯罪图表的数据没有太大影响,但是它们的存在造成了社会秩序的混乱,影响了公众的安全感。因此也是报告者需要关注的问题。

布拉顿专员认为,尽管纽约市的每个辖区都存在一类犯罪,但是犯罪率各不相同,各区域的犯罪手法可能各不相同。因此没有一个单独的战略可以被用来解决所有抢劫和性犯罪的问题。但是那些处理过这些犯罪的局长们通过分享自己的经验,可以为其他部门的警察们提供借鉴,帮助他们制订新的战略。他们鼓励警察局局长们在战略上要富于创造性。警察不能只在自己的底盘"灭火"来控制犯罪趋势,而不去分析犯罪的真正原因。一些犯罪预防方案,如街

道守望者、目标物强化、车身号码蚀刻、安全门廊、学校（社区）讲座等，不但能起到直接的预期效果，它们还能产生持续影响，能使警方更多地了解潜在的受害人，建立他们与警方的联系，预防可能的犯罪行为，使民众不但学会怎样保护自己，而且还学会怎样协助警方保护其他人。

在每月的 COMPSTAT 会议上，辖区局长们一起听取报告者的信息，并学习他们的战略，采用他们提出的有助于处理辖区内治安问题的意见，并提出自己的观点以完善这些战略。另外，NYPD 每月有 7 个行政区召开 COPMSTAT 会议，为确保每位成员都了解到犯罪战略和问题，每一位辖区局长要派遣一位犯罪分析家参会记录问题、战略以及 COMPSTAT 调查员的评价，这些记录会被反馈到每个分局局长那里。这些记录可以提醒大家现存的有关犯罪问题，并有助于警方在执勤时加以关注。

COPMSTAT 内在的管理原则就是其可靠性。会后警方应该认真着手解决会议上人们提问的问题，比如他们分内负责的犯罪问题。在 COPMSTAT 会议存在之前，抢劫案是警局专员唯一重点关注的犯罪，因为从传统意义上来说，这是警察部门衡量自己的城市是否安全的唯一标准。当时，人们很少关注入室犯罪和谋杀；但是现在人们重点关注所有一类犯罪，所以犯罪率都急剧降低。第二大原则就是特定的责任目标必须由特定的部门负责。如果在没有必要的资源或者是无权使用必要资源的情况下，让一个辖区局长去负责抢劫犯罪事务，这是不公平的。布拉顿专员模糊了经费巡逻、调查和特别行动的界限。有些行动，由于其独特的操作特点和风险，必须由特定的分局来操作。但是巡逻局长有权参与其他分局的行动，如监视行动、风化行动（卖淫）、打击向未成年人及商业监察机构非法兜售酒精行为等。COMPSTAT 作为一种成功解决此类问题的方法，已经扩展到其他警察机构工作范围内。NYPD 创立了交通统计模式（TRAFFICSTAT），以降低交通事故发生率；麻醉品统计模式（NARCOSTAT）用来专门处理贩毒集团事务；纽约市矫正部门使用它来处理犯人之间的暴力事件。

COPMSTAT 模式的采用在美国各地已发展得很快。这种模式的成功依赖于很多因素，其中任何一项的缺失都会影响它的有效性。比如，准确及时地收集情报，要求警察组织必须以一种结构化的、有效的方式对外部环境作出反应，要求警察得到收集信息技术的培训；人员、资源的快速部署，要求充分使用组织内外部资产，加强各部门之间的密切合作。但由于资源有限，每个主管为争夺稀少的资源成为竞争对手；有效的战术方法要求各级管理者分析问题解决问题的能力要比现在有一个大的提高，等等。这种模式是否有效，还依赖于大量的实证研究，但是，它的确为我们指明了一条新的方向，只有通过检验和分析，我们才能确定它是否是未来适宜的警务管理模式。

国际网络犯罪损失评估及分析[①]

目前，国际社会对"网络犯罪"的定义尚未达成一致，但是各国执法部门基本上区分了两种主要的与网络相关的犯罪类型：一是高科技犯罪，即攻击计算机软件和硬件的复杂犯罪，二是利用网络进行的传统犯罪，如针对儿童犯罪、经济犯罪和恐怖主义发展等。本节探讨的主要是利用网络黑客技术实施的高科技犯罪给全球经济带来的损失情况。

2014年6月，美国华盛顿战略和国际研究中心发表了一篇名为《网络损失：全球网络犯罪评估》的报告，以全球视野来评估目前网络犯罪给全球经济和创新精神带来的影响。该报告的数据来源广泛，其中包含了德国联邦宪法维护厅、荷兰应用科学研究组织（TNO）、中国人民公安大学、欧洲委员会、澳大利亚犯罪学研究所、马来西亚首席技术官员等机构和人员提供的数据，以及全世界其他国家政府机构和咨询、网安公司提供的报告。可以说，通过这一报告我们可以比较全面地了解全球网络犯罪带来的损失情况。

---

① 《国际网络犯罪损失评估及分析》发表于《新教育时代》2016年9月刊。

一、全球网络犯罪损失评估数据来源

报告中涉及的损失包括网络犯罪带来的直接或间接的损失，如侵犯知识产权、金融资产盗窃和敏感商业信息盗窃的损失、机会成本、安保工作的追加成本，以及恢复网络攻击的成本（包括被黑客攻击的公司恢复名誉的成本）等。通过这些附加的间接成本我们可以看出网络犯罪对全球经济造成的影响。事实上，网络犯罪带来的损失远不止如此。网络犯罪对企业的研发创新精神、国防安全以及国家间、公司间长期竞争力等产生的非货币效应也应该计算在内。

目前各国网络犯罪的形式多样，手段复杂，其中主要的高科技网络犯罪形式是网络黑客攻击和网络间谍行为。近年以来，全球范围内数以百计的公司都曾报告自己被黑客袭击。比如，2013 年美国政府就通告了国内 3 000 家企业曾受到黑客攻击；波斯湾地区的某些银行几个小时内损失了 4 500 万美元；英国一家公司报告称，他们在一起单独的黑客攻击中蒙受了 13 亿美元的损失；巴西的几家银行称他们的顾客每年因网络诈骗损失几百万美元；印度的 CERT 公司报道称，2011 年至 2013 年 6 月，印度境内有 30.8 万个站点受到过黑客攻击。我们只需将这些已知数据简单加起来，就可以发现全球经济因网络犯罪带来的损失已经高达十亿美元以上，但这还不是全部的损失数据。

实际上绝大部分网络犯罪事件没有让公众知晓。大部分企业不愿意告知公众自己在网络攻击中的损失情况。比如说，2010 年谷歌公司和其他 34 家世界前 500 强公司（有的是信息技术公司，有的是化学药品公司）遭受了黑客攻击，但是他们没有具体提供财产损失的数据，这些事件的消息还是从维基泄密上泄露出来的。只有一家公司报告称自己和谷歌同时受到了黑客攻击，但也没有报道其具体的损失数字。一家美国大型银行遭受网络攻击，损失了几百万美元，但即便在参与案件调查的执法部门和情报人员都私底下承认的情况下，该公司却公开否认自己遭受了任何损失。另外，由于网络犯罪的大头目很少被绳之以法，甚至有的连身份都没得到确认，所以这些网络犯罪到底造成多少经济损失鲜为人知。

二、国际网络犯罪损失概况

由于缺乏充分的数据，对全球网络犯罪的损失评估只能是基于不完整数据的一个估算。目前，只有少数一部分国家已经开始计算他们因网络犯罪带来的损失。因地区不同，不同的公司在网络攻击中遭受的损失各不相同，美国公司的损失最大。其中可能的一个原因是犯罪分子根据攻击目标的资产值以及攻击难易程度来决定实施犯罪。那些具有高价资产、较低暴露风险和较低作工系数（攻破防御所需的工作量）的公司往往成为他们的攻击目标。北美、欧洲和亚洲是网络犯罪的最大受害地区，而非洲受害最小。收入水平是网络犯罪的一个指针，富有的国家更容易成为网络犯罪的目标。犯罪分子攻击富有或贫穷目标所需的工作量是一样的，但是富有目标能够提供更多的回报。

国家收入水平和网络犯罪带来的损失密切相关。如果治安条件差别不大，富人区比贫民区更容易被抢劫，既然抢劫富人和穷人的风险一样，那么他们自然会被吸引到网络价值更大的地方。根据区域性网络服务提供商 LACNIC（拉丁美洲及加勒比地区互联网地址注册管理机构）的报告，巴西、墨西哥和阿根廷是拉美地区网络犯罪受害最严重的国家。一项调查表明，巴西有 1/3 以上的公司受到过网络攻击。巴西信息安全专家马科斯博士（Dr. Marcos）估计，巴西至少有 5% 的公司由于网络犯罪遭受了金钱方面的损失，而未遂的案件数量更多。2012 年 2 月，一个自称"匿名巴西"的组织发动了一场拒绝服务攻击，使包含花旗银行在内的许多金融网站崩溃。犯罪分子还会利用被黑的路由器和社交工程，鼓动用户提供敏感的个人信息或安装恶意软件。巴西的网络犯罪损失高居不下，其中的原因很多，其中包括巴西的黑客群体非常活跃、成熟的工程技术和企业、消费者安全意识淡薄等。许多专家认为，巴西针对网络犯罪的立法很薄弱，知识产权保护不力，而巴西国内网络犯罪分子日渐专业化，也就意味着黑客面临被捕和判刑的风险很小。这些因素使得巴西网络犯罪分子在当地风生水起，进而为他们开展跨国网络犯罪提供了便利。

在一些高收入国家中，德国和荷兰遭受的损失较大（在国内生产总值中的比例），日本和澳大利亚遭受的损失较小。这种数据的差异可能是因为各国统计损失的方法不一样，或者从受害企业获取损失信息难度较大。日本官员表示，国外黑客不大懂日语，也是日本网络的一种天然保护屏障。而美国很容易估算出自己的知识产权被盗的损失，因为美国政府花了大力气来识别被国外黑客盗取的知识产权的去向。

G20 国家创造了大量的全球性收入，他们同时也受到了大量的网络犯罪和网络间谍行为的侵害。世界前四大经济体中的三个（美国、中国、德国）在网络犯罪中的损失比例（在国内生产总值中的比例）大致相同。这些国家在网络犯罪中损失了将近 2 千亿美元。相反，一些低收入国家很少报告损失数据，或者有些国家遭受的损失比例相对较低。但是随着低收入国家的人们越来越多的开始使用网络，进行网上商业活动，网络犯罪分子也会随之将其活动重点转移到移动平台，这是发展中国家人民更青睐的上网方式。

三、网络犯罪增长的背后动机

网络犯罪行为鼓励黑客开展网络攻击，犯罪分子以很低的风险和成本收获了高额的回报。他们最常使用的两种技术：一是社会工程学，即犯罪分子欺骗用户授权其访问；二是利用漏洞，即犯罪分子利用编程失败或执行失败的机会获得访问权。犯罪分子知道这种风险和技术成本很低，而回报却很丰厚，因此他们趋之若鹜，进而想要获得更多回报。单个网络攻击案件的回报率可能很低，但是由于其成本风险更低，因此网络犯罪是一种极为诱人的犯罪活动。

而对于网络犯罪的防御方来说，对网络犯罪作出反应是一种商业决策，企业和个人会根据自己能够承担的风险和愿意花费的成本来决定如何处理潜在的网络犯罪损失。但是，如果企业不清楚自己的损失，或者低估了自己的不足，他们会因此低估风险的程度，因此其受害几率会大大提高。有许多因素决定了企业是否容易成为网络犯罪的受害对象。其中，穿透目标网络的难易程度、目标对黑客的吸引力（由其网络价值决定）是最重要的因素。随着个人、商业和政府对计算机网络和设备的依赖性越来越强，网络被赋予了越来越多的经济价值。随着全球生产能力的不断加强，如果没有国家间的相互合作，网络犯罪造成的损失将会越来越大。

黑客从网络犯罪中看到的是低风险和更多的增值收益，随着全球生产和研发能力的提高，盗取知识产权的回报也将增加，这给了他们理由去开展黑客行动。受害者如果低估了风险，就没有足够的预防犯罪的动力；而犯罪分子的动力就是去获得更高的回报。这个动力的等式如果不改变，网络犯罪带来的损失将不断扩大。

四、网络犯罪损失的主要源头

（一）知识产权盗窃

网络犯罪损害了创新精神。企业之所以投资研发，创立新的知识产权（IP），是期望这些投入能获取一定的回报。如果有人盗取了这项知识产权，其产品提前出现在了市场，那么开发者的预期回报将大大降低。在绝大部分情况下，研发的价值就是为企业在市场竞争中争得有利的开局，在竞争对手追上来之前，新产品和特色会吸引更多客户。如果研发者的研究成果被盗，这项优势可能只能持续三个月而不是一年，那么投资回报将仅仅是预期的1/4。

知识产权盗窃涵盖的范围很广，从止痛药配方到火箭技术，其损失也是网络犯罪损失中最难以估量的。估算知识产权的价值依据是该知识产权将来的收入，或市场赋予该财产的价值。知识产权的实际价值与其研发成本可能相去甚远，因为黑客可能盗取企业的产品方案、研究结果和客户名单，而企业却浑然不知，这样研发的投入将得不到应有的回报。

企业知识产权损失大小因行业而异。所有企业都面临知识产权和商业机密信息被盗带来的损失，但是有的行业，比如金融、化工、航空、能源、国防和 IT 行业更容易成为网络攻击目标，面临着持续的威胁。在一些能把偷来的数据变成现金的行业，这样的损失就更大。比如在化工行业，化工专用配方特别容易被复制，而一些商业谈判中涉及的敏感商业信息也很容易被利用。德国一位前情报官员表示，"一开始黑客们盗走了我们的清洁能源知识产权，现在我们的汽车企业又成了他们的新目标"。

网络犯罪带来的最大损失来自于知识产权和商业机密信息，因为这些具有最大的经济价值。知识产权盗窃是信息经济最核心的问题。美国商务部的一项报告表明，知识产权盗窃（不限于网络盗窃）每年给美国的企业造成了 2 000 亿~2 500 亿美元的损失；经济合作组织（OECD）估计仿冒和盗版行为每年给美国的企业造成了 6 380 亿美元的损失。网络的易受攻击性和许多国家对知识产权保护不力，这是黑客们利用技术盗窃知识产权的原因所在，这也是个全球性的问题。知识产权是企业和国家保持竞争力的重要来源。知识产权被盗意味着受害国将失去部分工作岗位，尤其是高薪岗位。知识产权盗窃壮大了竞争对手，削弱了企业的竞争能力，损害了企业的创新能力，减缓了全球技术革新的步伐。即使是从盗窃的知识产权中获利的企业在长期来说也会遭受损失，因为他们没有理由再去搞投资研发工作，也不知道如何有效管理研发投资。这种企业在遇到无法克服的技术问题时，可能用网络间谍行为去获取解决办法，而不是自己创建研发流程、建立内部研究分支并投资创新。这样一来，很多企业或变得更加精明，或面临破产。受害者破产了，这些窃贼也会随之挨饿。

因此，企业在知识产权被盗后，其创新积极性受到打击，其设计的预期收益也因此缩水。世界知识产权组织（WIPO）的一项调查发现，全球知识产权每年产生了1 800亿美元的特许权经营管理费，也就是说由于知识产权被盗造成的收入损失与合法的知识产权交易价值相当。如果创新带来的回报过低，企业对研发的投入将会减少，因此这种网络犯罪伤害到了受害企业，也损害了全球创新基础设施建设。

由于知识产权的特殊性质，许多受害者根本没有意识到自己所遭受的损失。在知识产权被盗与竞争型产品上市之间通常有较长的一段时间间隔，在技术型产品领域这个间隔有可能是几年时间。与实物盗窃不同的是，该知识产权的所有企业仍然会使用该创新，也很难识别和估算自己损失的大小。假如一个人的自行车被盗，第二天早上他就明白自己损失了多少钱；而如果自行车生产企业的方案被盗，在竞争者的自行车投放市场前，这家企业都不会知道自己的损失有多大。

这意味着，企业如果低估了自己的损失，它们也会低估自己面临的风险。比如，加拿大一家网络设备经营公司——Nortel公司（北电网络）常年遭受网络间谍行为的侵害，间谍们悄悄潜伏在该公司的网络上长达数月之久，这个例子说明了单个公司可能遭受的损失之大。另一家拥有800多名员工的公司，由于黑客盗取了其知识产权，导致同类产品提前出现在市场，该公司失去了市场竞争力，不得不因此裁减掉一半员工。

知识产权盗窃造成多大的损害，往往取决于窃贼运用这些财产的能力。化工行业是网络间谍行为的最大目标，如果某项化工产品的配方被盗，就可以让其竞争对手迅速地生产出低成本的竞争产品；在一些需要高端制造能力的行业，比如半导体或喷气式发动机行业，要生产出盗窃而来的竞争产品可能需要花费数年时间。有时候，被盗的知识产权可能在开始几年一文不值，而当窃贼有能力使用该财产时，就一夜之间身价不菲。一些美国网络安全高级官员表示，黑客行为是人类历史上最大的财富转移活动，他们的理由就是许多美国企业的信息被复制到了其他国家情报机关的服务器上，其中包含几千页的设计方案、商业方案、蓝图和其他形式的知识产权。

（二）网络金融犯罪

网络金融犯罪，即通过网络入侵盗窃金融资产，是网络犯罪中的第二大损失来源。这是种高调的犯罪，当黑客盗取了几百万人的信用卡信息时，立即会引起大众关注。历来世界各国发生的网络攻击事件不胜枚举，在有的大型入侵事件中，受害企业为了恢复损害花费了超过1亿美元，而犯罪分子的犯罪收益也许远远不到这个数额。

金融犯罪往往包含诈骗，对消费者、银行和政府机构实施诈骗时，他们手段五花八门。其中在破坏力最大的金融犯罪案件中，犯罪分子企图渗透银行网络，获取账户访问权并盗取资金。在一些常见的勒索（其中印度被称为"勒索软件之都"）案件中，犯罪分子如果没有得到自己索要的酬金，往往就会披露盗取的信息或是关停关键服务器功能，有时他们要求的赎金高达上百万美元。

网络犯罪分子最喜爱的目标是各种零售商。2013 年，TJ Maxx

（美国的一家奢侈品折扣连锁商店）和索尼等企业遭受了损失巨大的网络攻击；2013 年英国的零售商报告的损失超过 8.5 亿美元；澳大利亚的零售商、连锁企业、医药公司、航空公司和金融服务公司也发生了大规模的网络攻击事件，平均每家公司损失了 1 亿美元。这些被盗的个人验证信息和信用卡数据的价值难以直接变成现金变现，但是犯罪分子的手段现在越来越高明。他们可以自己利用这些信息，也可以将之售卖到专门开发盗窃信息的黑市。

金融资产被盗后很容易被犯罪分子变现，尤其是他们可直接将资金转账到他们控制的账户中。有时他们必须利用中介将自己盗窃的信息折现。他们利用这些"骡子"或"出纳"（将盗取信息折现的低端犯罪分子）来洗钱，这些人往往是这些黑客的亲属或熟人；骡子也可能是一些不明真相被雇佣来的人员。黑客会将资金转移到骡子的账户，骡子提取"佣金"（通常为总额的 5% ~ 10%）后，将剩余的资金转到国外账户。中东地区曾有两家银行被盗 4 500 万美元后，犯罪分子雇佣了来自全球的 500 名"骡子"，通过复制银行卡从 ATM 机上取现。他们自己留下一部分钱，其他的退给黑客。这些犯罪都是由专业帮派来完成，许多具有很强的组织能力。一位欧洲情报官员曾表示，前苏联有"20 到 30 个犯罪组织"具有国家级别的专业能力，他们可以攻克绝大部分的网络防御。当今，网络空间的金融犯罪规模呈现产业化规模。

（三）机密性商业信息和市场操控

机密性商业信息网络犯罪是网络间谍行为的第三大受害者。机密性商业信息可以被转化为即刻增益。投资信息、开发数据和敏感商业谈判数据被盗取后，能被人直接利用。单个企业遭受的损害就可达数百万美元。一个国家的中央银行和财政部网络如果遭到黑客攻击，可能会泄露很多有重大价值的市场导向信息或利率信息。

敏感信息被盗会给商业谈判中的一方带来不利。比如，一家英国公司曾报告英国政府，他们在一次谈判活动中遭受了 13 亿美元的知识产权损失。许多大企业经历过类似的事件。2010 年，澳大利亚三家主要矿业公司受到了网络攻击，黑客破坏了正常的网络运行，并获取了这些公司的一些重要合同谈判的机密信息。澳大利亚政府表示，其中一家矿业公司在合同谈判开始之初和过程中，其网络遭受了 200 多次黑客攻击。美国、欧洲、亚洲和拉美地区也有类似事件发生；印度许多企业面临的最大问题是客户信息失窃，英国国家广播公司（BBC）曾报道说，网络犯罪造成的损失占印度公司年度利润的 5%。

操控股市是网络犯罪日渐青睐的领域。通过攻破企业网络，或进入其律师或会计人员的网络（这是个更容易实现的目标），犯罪分子可以取得资产获取、合并计划、季度收入报告或其他影响公司股票价格的信息。犯罪分子为了换取经济利益而售卖这些信息，这是很难被觉察到的，尤其是当这些信息在别的股票市场出售时。利用聊天室和社交媒体哄抬股价是以往常用的技巧，犯罪分子提供企业前景的虚假信息，在市场作出反应时趁机获利。但是，土耳其的金融监管机构不久前发现了黑客意图操控市场和股价的可疑行为，这些行为远远不只"哄抬股价"这种伎俩。对于高端网络犯罪分子而言，网络犯罪可以转变成金融操控，这是很难被人觉察出来的。

五、网络犯罪带来的附加成本

（一）机会成本

对商业公司来说，机会成本是利用一定的时间或资源生产一种商品时，而失去的利用这些资源生产其他最佳替代品的机会。网络犯罪带来的损失取决于三种机会成本：研发投资的减少、企业及顾客减少网络使用的风险规避行为以及增加网络防御投入。

企业最大的机会成本就是为了确保网络安全而花费的资金。在网络风险相对较低的情况下，大部分公司仍然会在安全方面加以投入。但是由于需要使用本来就不安全的网络，他们因此要付出"风险溢价"。机会成本可以被看成是网络经济的一部分。研究表明，全球网络经济每年产生 2 万亿~3 万亿美元价值，作为全球经济的一部分，该数字还将继续增长。据估计，网络犯罪窃取了 15%~20% 的网络总收益，这就是经济增长和创造就业机会所缴纳的沉重"税收"，其数额比任何其他的全球性犯罪活动的收益都要高。

IDC 评估认为，网络安全产品和服务的总潜在市场价值已经从2011 年以来的 530 亿美元增加到 2013 年的 580 亿美元，增幅为8.7%。对网络安全产品的商业需求同期增长了 14.7%；消费者需求增加了 10.7%。随着网络安全意识的提高，企业能更好地评估风险，加大风险管理投资，但是如果网络安全问题变得不那么严重了，这个市场就会缩水。除了直接的资金损失外，国际网络犯罪带给企业的损失还包括企业额外投入的金额，即确保网络安全的费用投入，该费用每年达 100 亿美元。

  网络犯罪分子的目标并不一定是直接从网络攻击中获取经济利益，他们会利用网络攻击重要设施的网络服务。2012 年，犯罪分子永久删除了一家大型石油公司 3 万多台电脑上的数据；韩国的银行和新闻媒体的网络也受到类似攻击，几千个硬盘上的数据被清空。这些公司和他们的消费者遭受的损失不只是清理和修复漏洞的费用。犯罪分子威胁受害者，称将切断他们的网络服务，这是敲诈阴谋的开始，会为某些关键性基础设施带来潜在威胁。

  许多企业开展的调查发现，恢复网络攻击的成本（包括公司的受信任度降低、产品贬值而带来的名誉损害）也在不断增加。2012年的一项调查估计，算上受害者由于攻击事件带来的时间成本，被害企业的损失要另外增加 2.74 亿美元。

（二）网络攻击的修复成本

  网络犯罪事件的事后恢复工作往往比该犯罪本身带来的损失还要大。单个公司恢复网络诈骗或数据外泄的成本在不断增加。犯罪分子无法将他们偷窃的所有对象加以变现，但是受害者却需要花大价钱来恢复所有被盗的数据和个人识别信息，而国家层面付出的代价比单纯资金上的损失或是犯罪分子的收益要大得多。比如，意大利的一个网络攻击案件的调查发现，企业的直接损失是 8.75 亿美元，但其恢复成本和机会成本达到了 80.5 亿。网络犯罪对企业造成的损失有损害品牌形象、其他名誉损失、顾客维系受损等。在英国，93%的大型企业和 87%的小型企业在过去一年里受到过网络攻击，大企业大约损失了 140 万美元，小企业损失了 10 万美元。网络事件的后期恢复费用差距很大（如美国犹他州损失了 300 万，索尼公司损失了 1.71 亿美元）。据报道，2013 年美国大型连锁超市 Target 的网络损失高达 4.2 亿美元，其中包括赔偿、补发几百万张会员卡、法律费用、客户信用监控费用等。

受到黑客攻击的企业的自身股价可能会贬值，股价可能会下降 1% 到 5%，但是这种贬值不是永久性的，大概 3~6 个月后股价既可以恢复。但是如果企业被要求报告黑客事件情况并告知具体损失，该公司的股价恢复可能受到影响。由于越来越多人开始关注网络安全，受害企业如果没有尽职调查黑客事件，它们会面临承担责任和诉讼风险。

总　　结

随着越来越多商业活动在网络上展开，全世界越来越多的消费者也连接到了网络上，自动互联设备也接入网络（物联网），网络犯罪发生的机会也在不断增加。另外有的企业利用盗窃来的知识产权生产同类型竞争产品，这就意味着，如果企业不能保护好自己的网络，一旦受到网络攻击，企业将在日益激烈的市场竞争中失去优势；从国家层面来说，会损失就业机会、损害贸易平衡；从全球范围来说，网络犯罪减少了创新人员和投资者的回报率，因此会减慢全球创新的步伐。那些不能加强网络防御的国家将身处劣势，长此以往，网络犯罪带来的损失将越来越大。

全球经济的发展是必然趋势，我们要继续加强网络安防和国际合作，利用更好的技术和更可靠的防御措施来减少网络犯罪带来的损失。尽管国际社会在打击网络犯罪方面达成了共识，但在具体的方式、手段和路径方面却始终存在着较大的分歧。国际社会需要在网络安全的标准和最佳实践方面达成一致，充分依靠国际执法协议，尤其是现存的一些国际承诺（如《世贸组织保护知识产权承诺》），加大遏制网络犯罪措施的实施；各国政府必须对网络损失承担责任，强化制定防范网络犯罪的对策；企业必须在评估风险上更加谨慎。

信息化时代执法部门面临的挑战

——以 FBI 国际网络犯罪调查对策为例①

过去的二十年以来科学技术的迅速发展为世界各国带来了因特网，数字化联络已经成为现代国际经济的一个重要因素。由此，商业和犯罪与国境之间的关联不再像以前那么紧密。目前，在全球范围内由于网络犯罪欺诈带来的损失每年高达 670 亿美元，平均每小时就损失 760 万美元。美国执法部门中的"网络犯罪投诉中心"每个月收到的投诉大约为 2.2 万次。

传统的"白领犯罪"已经从现实生活延伸到了网络领域。大量的网上潜在受害者成为了各种网络犯罪的新目标，它们对金融机构、重要基础设施、国家安全和知识产权构成了最严重的威胁。除了可造成巨大的财政损失外，网络犯罪通过在线儿童色情视频对社会造成了不可估量的伤害。当今犯罪分子已经把网络当做了最佳的犯罪工具，利用它从事网络活动、交流作案手段、讨论警方最新的执法技术以及对付这些技术的方法等，以此到处为非作歹。

---

① 《信息化时代执法部门面临的挑战——以 FBI 国际网络犯罪调查对策为例》发表于《产业与科技》第 15 卷第 13 期，2016 年 7 月。

为处理日益严重的网络犯罪问题，警方执法部门在遵照法律、法规和政策的同时，必须采取有效的调查手段，研究犯罪因素的内涵并制订相应对策。国际网络调查可能是现代执法机构面临的最大挑战之一，因为网络犯罪不会在意任何地理边境的局限，有的国家到近期才承认有必要就打击网络犯罪进行立法。

FBI 网络部（Cyber Division）

美国 FBI 网络部建立于 2002 年，与联邦调查局的国际行动办公室（OIO）协调合作，处理日常工作，协调国际网络犯罪调查工作。美国是海外网络犯罪集团的沃土，这些集团身在本国国内，将犯罪活动延伸到他国境内，利用这种地域的屏障来保护自己的安全。这些活动包括"网络钓鱼骗术"、电报欺诈、制作和散播儿童色情制品、大规模发布伪造盗版物资等。

作为执法部门，我们必须要适应犯罪环境的改变，提高执法效率。犯罪分子正形成网络作业，将他们的资源和犯罪手段提高到了前所未有的高度。世界各国的执法机构应该随之发展，保持并开发快速有效的情报传播机制，以便于传递的情报能应用到执法行动中。要确保情报传递的多方向性，使相关各方都能受益。

FBI 法律参事办公室（Legal Attaché Office）

尽管开展国际警务合作的必要性十分明显，但是由于国家间法律的差异，国际合作操作起来并不容易。美国执法部门在国外是没有执法权的，因此 FBI 建立了国际行动办公室，通过设立在全球各处的法律办公室网络为联邦调查提供便利。尽管 FBI 探员们在其负责的国家和地区通常没有执法权，他们熟知所在国家的调查法则，并能与具有执法权的当地警员建立起良好的关系。FBI 在国际形象展示方面的不断投资也很有利于其调查任务的执行，这也是美国外交上的成功。

不管是不是 FBI 或其他机构的特工，美国的执法官员在外国未经授权没有逮捕权、发布传票权或者行使任何调查行为的权力。通常，国际行动办公室的法律参事可协助这些行动得到当局批准，他们与当地政府合作，完成预期的调查和操作行为。

为避免外交纠纷，所有 FBI 调查行动应通过法律参事在相关国家进行协调。另外，为调查目的而直接接触当地国家的公民被视为是对该国家主权的侵犯，而且大部分情况下是被禁止的。调查人员怎样才能得到自己想要的信息呢？他们可以通过使用调查委托书来搜集证据。调查委托书是由美国法官向外国司法官员发出的要求协作的信函。调查委托书大体包含背景信息、案情事实、协作要求陈述、互惠承诺等。委托书一般经美国司法部国际事务办公室同意，由美国法官办公室起草。

外交调查交流的另一种机制是法律互助条约（MLAT）。美国已经加入了许多互助条约，这些条约规定了在特定环境下合作的范围。美国和其他国家协商签订 MLAT，因此各国的条约都具有特定性。因此不同国家间的互助条约内容和互助水平各不相同。这些条约为发送和接收委托请求建立了官方程序，普遍缩短了办理调查委托书的过程。那些想要查找传票信息、逮捕批令或法院强制执行命令的特工或警察，必须通过办理调查委托书或 MLAT 来寻求外国协助。

国际调查面临的外交危机中还有一些其他要考虑的问题，如引渡、传票服务、信息管理和操作、监犯转移等，本节只讨论网络犯罪的问题。

国际网络犯罪特别行动组（ICTF）

在网络空间里，绝大部分被调查的犯罪嫌疑人身处国外。尽管警方可以在美国的法庭上运用 MLAT 和调查委托书来获取文案，运用这些方法的时限要求是网络犯罪调查的一大障碍。幸好，FBI 的情报共享没有受到官僚手续的限制。FBI 使用一种人们熟悉的"特别行动组"调查机制，来满足快速传递情报的需求；同时，还加强了网络儿童性剥削的调查合作。"特别行动组"模式对 FBI 来说并不新鲜，但是"国际特别行动组"的概念还是提出了一些新的想法。除了一些特殊的 FBI 人员，所有"无辜儿童国际特别行动组"的成员都来自其他国家。每一位成员都与 FBI 工作人员以及其他国家的特别行动组人员一起，在 FBI 大楼服务 6 个月。这样的安排使参与国的警察能有效利用情报，并比以往机制下更快的速度来分享信息。在网络犯罪调查的世界里，与其他任何调查相比，时间是个最关键的因素。

网络儿童性剥削的所有案件中，调查的另一头总有一个潜在的受害儿童。执法部门必须尽其所能迅速干预并制止这种侵害。由于美国对网络服务提供商（ISP）的数据保留时间缺乏具体的标准，使得"时间"成了网络犯罪调查中犯罪分子的"从犯"。结果,人们通常很难,甚至不可能从 ISP 那里获取必要的信息来支持逮捕令的发布、犯罪指认和调查的推进。尤其是当来自另外国家的原始信息必须迅速传达到相关处理机构时,这种时间上的限制性就更加明显。

"特别行动组"模式使得情报能被及时传播和接收。因为警察们与 FBI 共享工作空间,所有的调查都是联合性调查,这使得信息能在任何两位警察间,更大范围来说,在两个国家间直接传递。负责特定国家事务的 FBI 法律参事通过网络保持联系。该过程确保了法律参事们了解自己管理区域内的特别行动组调查行动。

案　　例

下面是"特别行动组"机制在网络儿童性剥削领域取得成功的一个案例。该案件主要由 FBI 和澳大利亚的昆士兰警察机构负责调查。2005 年 12 月,一位昆士兰警察在 FBI 马里兰办公处完成了隐形网络调查基础课程,回到澳大利亚一周后,与身在美国的一个嫌疑人进行交流,该人曾在网络上发布未成年儿童性行为资料以及针对未成年人的性施虐行为的图片。该信息从澳大利亚传送到美国几周后,美国警方就辨认、定位并逮捕了这名名叫沃尔特·可米克的犯罪嫌疑人,此人后来被以发布儿童性侵害图片罪名被判在联邦监狱服刑 17 年半。

另外一个例子发生在 2003 年 11 月,再次证明了情报快速传递对打击现代犯罪的必要性。丹麦的一位警察发现一个人在网络上发布儿童性侵害的图片。由于这些图片不是调查人员已知的图片，警方当局认为受害人可能仍然处于被迫害当中。这些图片通过国际刑警组织的安全系统被传送到加拿大的多伦多，多伦多认为受害人就在美国，并将他们的发现发给了马里兰的 FBI 机构。FBI 与多伦多省警察厅合作，追查到了北卡罗来纳州。这场涉及两个大陆、三个国家的调查展开两周后，警方逮捕了布莱安·托德·谢乐博格，警方发现并解救了受害者。

总　　结

从 FBI 的网络犯罪调查对策研究我们可以看出，信息时代警方的有效执法在于情报的快速交流，这一点再怎么强调也不为过。随着因特网在社会上的风行，调查人员必须了解本国及外国网络犯罪的手段和利用计算机犯罪的方式，并积极参与打击网络犯罪的国际警务合作。这就要求警察自身要不断提高自身素质，加强信息知识的学习，掌握网络调查技术，力争寻求执法办案的多种方法，丰富破案手段以适应网络犯罪调查的需要。

美国应急指挥体系建设现状调研报告

    2011 年年底，笔者担任湖北省公安机关处局长应急指挥决策能力建设培训团赴美学习期间的翻译，借此机会较好地了解了美国应急管理的相关法律、组织体系、运行机制、预案编制、技术支持、后勤保障等方面的相关知识。美国是一个危机感比较强的国家，习惯于从每一次紧急事件中吸取教训，并采取有针对性的改进措施，经过历年来重大突发事件的考验，已形成比较完善的应急管理体系，高效的应急指挥机制，专业的应急处置队伍，完备的应急法制基础，实用的应急预案体系和良好的应急保障支撑。

一、美国应急指挥管理体系和运行机制

    美国应急管理工作起步较早，经过多年的发展完善，现在已经形成了比较先进和成熟的应急管理机制。美国于 1979 年成立了国家应急管理署（FEMA，Federal Emergency Management Agency），专门负责应急管理工作，在应对重大自然灾害和事故方面起了重要作用。

美国政府应急管理体制由三个层次组成：国土安全部（DHS）及派出机构（10个区域代表处）；50个州政府都设有应急管理办公室；县、市等地方政府也设有应急管理机构。美国最高应急管理机构是国土安全部，该部是在"9·11"事件后由联邦政府22个机构合并组建，工作人员达17万人。原负责紧急事务的联邦紧急事务管理署（FEMA），于2003年并入国土安全部，现名为"应急预防响应局"，主要职责是：通过应急准备、紧急事件预防、应急响应和灾后恢复等全过程应急管理，领导和支持国家应对各种灾难，保护各种设施，减少人员伤亡和财产损失。下设五个职能部门，分别是：应急准备部、缓解灾害影响部、应急响应部、灾后恢复部、区域代表处管理办公室，全职工作人员2 600人，其中，华盛顿总部900人，还有符合应急工作标准的志愿者（或兼职人员）4 000人。国土安全部在全美设10个区域代表处，主要负责与地方应急机构的联络，在紧急状态下，负责评估灾害造成的损失，制定援救计划，协同地方组织实施救助，每个代表处工作人员40—50人。另外，国土安全部还有国家国土安全中心和应急培训中心（应急管理研究所）两个机构。国家国土安全中心是由国土安全部全额资助的非营利单位，是为联邦政府履行国土安全方面的职责提供智力和技术支持的机构，同时，受州及其地方政府委托，为其提供客观的决策建议及技术性服务。应急培训中心（应急管理研究所）直接服务于美国国土安全部/应急响应局。

各州都设有应急服务办公室，各县、市也有相应的应急管理机构。以加州为例，该州通过实施标准应急管理系统，在全加州构建出5个级别的应急组织层次，分别为州、地区、县、地方和现场。其中，州一级负责应急管理事务的机构为州应急服务办公

室，主任及副主任由州长任命。州应急服务办公室又将全加州 58
个县划分为 3 个行政地区。同时，为了通过互助系统共享资源，
又将全加州划分出 6 个互助区，将员工分派到不同行政区办公，
以便协调全州 6 个互助区的应急管理工作。县一级机构主要是作
为该县所有地方政府应急信息的节点单位和互助提供单位；地方
一级主要是指由市政府负责管理和协调该辖区内的所有应急响应
和灾后恢复活动；现场一级主要是指由一些应急响应组织对本辖
区事发现场应急资源和响应活动的指挥控制。事实上，加州地区
一级的应急仍然是由州政府机构来负责，而县一级的应急需要依
托该辖区内实力较强的地方政府，如旧金山县依托旧金山市，洛
杉矶县依托洛杉矶市。总体上讲，美国灾害应急管理体系由联
邦、州、县和地方政府 4 级构成。当事件发生后，应急行动的指
挥权属于当地政府，仅在地方政府提出援助请求时，上级政府才
调用相应资源予以增援，并不接替当地政府对这些资源的处置和
指挥权限，但是，上一级政府有权在灾后对这些资源所涉及的资
金使用情况进行审计。

　　美国各级应急管理机构都设有本级政府统一的应急指挥调度的
机构。在洛杉矶县应急指挥中心（Emergency Command Operation），
我们了解到，国土安全部、各州及大型城市的应急管理机构中都设
有统一的应急指挥调度中心，主要职责是监控潜在各类灾害和恐怖
袭击等信息、保持与各个方面的联系畅通、汇总及分析各类信息、
下达紧急事务处置指令并及时反馈应对过程中的各类情况等。该县
应急指挥中心的一项主要任务是利用有线电视网、互联网、有线电
话、无线通信集群网等各种技术手段，及时采集整理各类信息数据
进行分析判断，以及时掌握辖区潜在危机态势。洛杉矶县处于地震

地带，为了保证应急指挥中心安全可靠，其防震性尤为先进，整个大楼由橡胶和备有滑轮的钢管支撑起来，遇到地震时，可前后左右滑动50厘米，内设有独立的电源和网络卫星通信系统。在"9·11"事件后，各地的应急指挥中心的信息监控室增加了航班动态临时监视系统，时刻观察城市上空各飞行物的动态，每分钟更新一次。如需了解某一飞机的情况，点击鼠标就可在中心大屏幕上即时显示该机型号、航班、航线、起降地点、所处位置以及机组人员、乘客的姓名、护照号码等详细情况，为应对可能发生的突发事件提供翔实的资料。该县应急指挥大厅设有大屏幕和80多个坐席，每个座位上有计算机信息系统和调度电话，与专门的数据中心和各市、各应急救援分队的小型指挥中心和通信指挥车联通。指挥大厅内的座位是按照事故指挥系统所涉及的单位来设立的，按指挥员、行动、策划、后勤和财务等设置功能分区，各部门代表和工作人员按所穿马甲不同颜色进行区分。指挥中心根据应急工作的需要，实行集中统一指挥协调，联合办公，确保应急处置反应敏捷、运转高效。平时各部门代表在指挥中心熟悉系统，按预案进行演练。在事件发生时，由县警察局局长负责总指挥，相应部门的指挥人员、代表在第一时间赶到应急指挥中心，进入各自的代表席位，准确分析把握潜在的紧急情况，及时作出判断，采取应对措施，按程序进行相应的处置。当发生大型突发事故时，应急指挥调度中心负责除了启动指挥中心，还会启动县警局的应急指挥车，车上配备了同等功能的通信设备，负责现场调度指挥和信息传送。

二、美国应急指挥系统的优势和特点

经过历年来重大突发事件的考验，美国的应急指挥系统展现出其明显的优势和特点，这些都是值得我国借鉴和学习的。

（一）专业的应急处置队伍

美国应急队伍包括应急管理队 IMT（Incident Management Team）和应急救援队（如消防队、城市搜救队和医疗队等），根据突发事件的复杂性分为五级，具备不同的应急能力。美国应急管理的核心理念是"专业应急"，即应急管理中各个角色必须具备相应的专业能力，而政府的领导层主要进行政策、策略以及涉及全局的重大决策。应急管理队 IMT 要求具有全面、综合的应急能力，可以妥善处置各类突发事件。政府对应急管理队的各个职位、各个级别都设定了相应的培训要求和考核、资格认定机制。美国应急管理规定第三级及以上的突发事件应急需要相应的应急管理队进行指挥。因此，政府专门建立应急管理队，按照 ICS 组织结构设置其中的职位，发生突发事件时部署到各级应急指挥岗位。美国救援队伍建设采取职业化和志愿相结合的方式，在救援队伍的选拔和认可上实施全国一致的培训和考核标准。①突发事件管理小组。联邦应急管理局建立了 4 级培训考核制度，参加突发事件管理小组，需逐级通过培训并经考核合格。按能力高低，突发事件管理小组共分 5 类，能力最强的为第 1 类，能全面执行事故指挥系统的所有职能。全美共有第 1 类小组 16 支,第 2 类小组 36 支。②警察、消防、医疗和海岸警卫队等专职应急救援队伍。应急救援队伍的中坚力量是消防、警察和医疗部门。在联邦应急反应体系中,参与救援的部门主要包括交通、通讯、技术工程、森林、联邦应急管理局、红十字会、卫生、环境、农业、国防等部门。③社区应急救援队。联邦应急管理局采纳洛杉矶市消防局的做法,自 1994 年起就在全国积极推动社区应急救援队建设。目前,全美已有几百个社区建有社区应急救援队,成员主要来自各社区组织和企事业单位,接受过基础应急救援技能训练,参与本地区的应急救援活动。

(二) 完备的应急法制基础

美国在重大事故应急方面,已经形成以联邦法、联邦条例、行政命令、规程和标准为主体的法律体系。一般来说,联邦法规定任务的运作原则、行政命令定义和授权任务范围,联邦条例提供行政上的实施细则。美国制定的联邦法包括《国土安全法》、《斯坦福灾难救济与紧急援助法》、《公共卫生安全与生物恐怖主义应急准备法》和《综合环境应急、赔偿和责任法案》等。制定的行政命令包括 12148、12656、12580 号行政命令及国土安全第 5 号总统令和国土安全第 8 号总统令。此外,美国已制定《国家突发事件管理系统》,要求所有联邦部门与机构采用并依此开展事故管理和应急预防、准备、响应与恢复计划及活动。同时,联邦政府也依此对各州、地方和部门各项应急管理活动进行支持。联邦政府应急管理是以《减灾和紧急救助法》授权,并按《联邦响应计划》部署开展灾害及突发事件应急管理工作的。《联邦响应计划》由参加计划的

27 个政府部门和美国红十字会的首脑共同签署。各部门职责和任务在应急计划中得到明确界定；国土安全部负责协调联邦应急准备、计划、管理和灾害援助，并制定援助政策。一旦发生紧急事件，按分级负责的原则，先由当地政府负责应对处置；地方能力不足时，请求州政府援助；当超出州本地应急能力时，可由州长提请总统宣告灾害或紧急状态。在总统正式宣告后，国土安全部启动《联邦响应计划》，各有关部门即可直接按各自职责分工采取协调行动，有效应对。有时可能同时出现应对不同性质的几个紧急事件的情况，但对政府各部门而言，实际上是一套应急工作班子。采取一套班子、多方应急的方式，有利于降低运作成本，提高工作效率。

（三）实用的应急预案体系

美国联邦应急管理局和其他管理部门制定了各种有关政府应急预案和企业应急预案编制的指导性文件，其中包括《综合应急预案编制指南》，由联邦应急管理局制定，以指导各州和地方的应急管理机构编制他们的应急预案；《商业及工业应急管理指南》，由联邦应急管理局制定，以指导工业和商业企业制订综合性的应急管理方案；《危险化学品事故应急预案编制指南》，由 16 个联邦机构联合制定，以指导各州和地方政府按《紧急事故应急计划和社区知情权法案》的要求制订应急预案。美国国家应急预案适用于国内所有灾害和紧急事件，主要由基本预案、附录、紧急事件支持功能附件和支持附件组成，其中基本预案主要说明预案设想、任务和职责、行动理念及预案维护和管理；附录主要包括术语、定义、缩略词和机构等；紧急事件支持功能附件主要是说明国家突发重大事件期间，联邦机构在协调资源和系统支持各州、部落和其他联邦政府机构或者其他权力部门和实体时的任务、政策、组织构成及职责；支持附件主要说明职能程序和行政要求。联邦政府还制定一些指导应急演习策划与组织实施工作的文件，如，《危险化学品事故应急演习方案》，该文件由 16 个联邦机构联合制定，目的是指导各州和地方政府设计演习情景和演习方案。各地方政府和部门应该按照国家应急预案的要求制定自身的应急预案。如圣弗朗西斯科（旧金山）市警局就制定了《事件管理手册》（Event Management Manual），阿林顿市制定了《应急行动手册》（Emergency Operations Manual），加州州立大学圣伯纳校区警局制定了符合本警局特点的应急预案。这些预案非常详尽地介绍了在具体各种灾难或紧急突发事件发生时，所有参与者应该按照手册上制定的步骤处置、逃生、自救或救人。美国制定的预案力求程序化、简明化、通俗化，以圣伯纳校区警局的制定的应急预案为例：每个教室、办公室门口都设有应急电话，挂有简明的应急处置手册，每名师生也人手一份应急小手册，这些手册只有几张不同颜色的彩纸，不同颜色表示不同事件的处置方法，每一张都以表格的形式告知阅读者，在发生某一特定事件的某一情况时，应如何处置和自救；每年由该警局局长组织相关部门开展两次演习，在校所有师生、职工及消防、急救等社区部门都要全员参与，组织者现场进行点评，做到人人皆知、皆会；在演习中发现的程序性问题和不足，将对预案进行修订。一旦发生突发事件或事故灾难，学校室内外的各种电子屏幕和应急电话都会滚动播放通知和警报，全体师生的移动通信设备都可以接收到这些紧急信息，并按照应急手册迅速行动，实施疏散，最大限度地减少伤亡。

(四) 良好的应急保障支撑

一是经费保障。近 3 年来，美国联邦应急管理局每年应急资金预算约为 32 亿美元，其中包括联邦每年 23 亿美元的灾害应急基金。联邦应急管理局的财政预算，不仅用于日常应急响应和培训、演习活动，还用于防灾、减灾和灾后恢复活动，但不包括特别重大事件发生后总统和国会特批的资金。联邦应急管理局通过资助方式推动其应急管理计划，包括防灾社区建设计划和综合应急预案编制计划。联邦应急管理局各项资金的使用有严格的审计制度，地方政府动用其资金用于防灾、救灾和灾后恢复活动时，必须保存资金使用记录，并通过该局的审计。二是资源保障。联邦政府利用《国家应急预案》应急支持职能附件的方式，明确了联邦政府机构的资源保障任务、政策、组织构成和职责，每一项职能附件规定相应的联邦政府协调机构、牵头机构和支持机构。协调机构负责事前策划，与牵头机构、支持机构保持联系，并定期组织召开本职能相关机构的协调会。牵头机构作为职能的执行主体，负责提供人力，并尽可能获取足够使用的应急资源。支持机构应牵头机构要求，提供人力、装备、技术和信息方面的支持。职能附件根据突发事件的具体情况，有选择地启动。启动后，协调机构、牵头机构和支持机构派出的应急人员或小组按承担的应急管理体系支持职能，分别编入事件指挥系统的组织框架中。如，洛杉矶县应急指挥中心应急行动局（Emergency Operation Bureau）的 James Sully 向我们介绍了其管理的物资储备情况：该中心在不同地方建有应急物资储备仓库，主要储备发电机、防水油布、帐篷、瓶装水、救助、医疗用品、食宿、生活用品、工程设备、污染清理等物资，以应对突发事件发生时的第一需要。发生灾害时，指挥中心迅速对灾害情况及物资需求做出评估，及时提供物资救助。三是信息保障。美国联邦应急管理局通过实施"e-FEMA"战略，建立应急信息系统层次结构模型，不仅使各类应急信息系统的信息资源能得到及时更新，还能促进不同系统之间的信息资源共享，为应急决策过程提供技术支持。目前，在美国得到广泛应用的信息系统包括以下 3 个系统：①决策支持系统——联邦应急管理信息系统，综合考虑应急管理的所有阶段，主要用来管理应急管理过程中的计划、协调、响应、培训和演习事务；②网络应急管理系统，主要用于城市开展事故管理、应急指挥调度、资源调度及文档管理；③灾害损失评估系统，主要用于预测地震、洪水和飓风可能造成的损失以及应采取的应急措施，以便在备灾和防灾过程中，通过加强对建筑物管理，来保障在灾难发生时减少人员伤亡和财产损失。④技术保障。应急通信信息系统在美国应急体系中起着关键作用，通过集群无线网、卫星通信等设施收集信息并加以分析观察，以起到预防在先，提前准备的作用。我们在考察访问中印象较深的是网间连接设备，由于警察、消防等部门都有各自的通信系统，自成体系，频率、媒介各不相同，在调度指挥时需要连接互通，而网间连接设备，沟通各系统之间的通信联系，使各种通信网的利用率提高，联系高效，指挥灵活，保证了在紧急状态下应急指挥调度的效率。在加州州立大学圣伯纳校区，警局的一辆通信指挥车设备完善，具有车载的自用无线集群系统，车载的办公系统，可与因特网连接的双套的卫星系统。在应急指挥时，可以将平时各自独立使用的无线网如警察、消防及其他各系统互相连接，互相选叫，提高指挥效率。

应急警务三维构造体系的构建

——基于美国经验的探讨①

当前，应急警务越来越多，应急处置越来越棘手。因工作和专业研究关系，笔者曾赴美国接受和进行专业培训与考察，感受颇深，受益匪浅。结合湖北省公安厅及湖北警官学院的应急警务建设的研究课题，对中美应急警务进行若干比较研究，并希望能对中国应急警务的建设与改善有所启发。

一、美国的应急管理体系

美国是目前世界上较早着手应急管理体系建设，并形成比较完备体系的国家之一，经过多年发展，已经建立了联邦、州、地区（县、市）的三级纵向应急管理体系，和由美国国土安全部作为最高应急管理机构统筹，整合联邦政府22个机构的横向应急管理体

---

① 《应急警务三维构造体系的构建——基于美国经验的探讨》发表于2014年4月《中国人民公安大学学报》。

系。全国设立了 10 个区域代表处,各州都设有应急服务办公室,各县、市也有相应的应急管理机构。联邦的国土安全部,各州及大型城市都设有现代化的应急指挥调度中心,负责监控、收集、研判各类灾害和恐怖袭击等信息,指挥调度各方面的应急力量。

美国应急管理系统具有如下主要特征:

(一) 应急处置规范程序化

美国的应急处置,有着严谨的程序和严格的规范。所以一旦投入实战,既能有条不紊,又能准确高效。达成最短的时间反应,最大的效果处置的目标。

1. 完备的应急法律体系

美国已经形成以联邦法、联邦条例、行政命令、规程和标准为主体的完备的应急法律体系。联邦法规定应急任务的运作原则,行政命令定义应急任务的范围,联邦条例明确应急工作细则。美国联邦最重要的应急法律有《国土安全法》《公共卫生安全与生物恐怖主义应急准备法》《斯坦福灾难救济与紧急援助法》和《综合环境应急、赔偿和责任法案》等。最重要的联邦行政性规范有:12148、12656、12580 号行政命令,国土安全第 5 号、第 8 号总统令,《国家突发事件管理系统》《全国响应框架》《全国灾害恢复框架》《全国事故管理系统》等。这些法律和法令对联邦政府及其各部门,地方各级政府及相关组织的职责、任务作了明确界定。明确了地方政府主导,联邦政府援助的责任框架。

2. 完善的操作规范体系

在美国，不仅联邦各级政府，警察等应急专业组织，甚至行业协会、社团群体也都制定了完善而详尽的应急操作规范体系。如《全国准备指南》规范了应急工作的准备目标、灾害场景、通用任务清单、目标能力清单等相关的准备工作；《风险管理术语手册》规范了应急管理中的基本概念、标准语言，使所有的参与者都能够及时准确地进行交流沟通；《商业及工业应急管理指南》，对全国的工业和商业企业如何进行应急管理、如何制定应急管理方案给予了具体的指导。旧金山市警局制定了《事件管理手册》，阿林顿市制定了《应急行动手册》。美国还十分注重应急技术的标准化。如在美国联邦应急管理署（FEMA）主管联邦的信息工作以后，建立了纵贯各级政府、面向不同群体、兼容各类数据、描述清晰规范的标准化 IT 基础架构，许多城市还在此基础上发展成了跨部门跨区域的综合性城市管理系统，成为了应急处置坚实的信息平台。

3. 完整的应急预案体系

美国的各行各业几乎都有应急预案。不但所有的预案都像一本书，细致入微，而且化整为零、化繁为简，将关键的内容制作成传单或者图表，悬挂或放置在关键部位，让人们可以手到擒来，一目了然。美国联邦应急管理局等制定了指导各种有关应急预案编制的规范性文件。如由联邦应急管理局制定的《综合应急预案编制指南》《紧急事故应急计划和社区知情权法案》；由 16 个联邦机构联合制定的《危险化学品事故应急预案编制指南》。美国国家应急预案适用于国内所有灾害和紧急事件，重要的预案都进行经常性的配套演练，演练都有具体的方案和完善的程序。根据 16 个联邦机构联合制定的《危险化学品事故应急演习方案》，各州和地方政府每年都要如期演练。由于地处地震带，加州州立大学圣伯纳迪诺校区的应急预案以防震救灾为主要内容，每年演练时不仅全校参加，而且地方政府、相关社团都积极参加，一丝不苟。该校每名师生人手一份应急小手册。每个教室、办公室门口都设有应急电话，挂有简明的应急图表。

（二）触发式的快速反应机制

美国的应急管理系统像在弦之箭，一触即发，从而最大限度地压缩了反应时间。这种快速反应能力得益于：

1. 高效的应急指挥中枢

1967 年，经美国国会批准，联邦通信委员会（FCC）在全国推行了社会紧急求救特服号"911"，并逐步在全国各地建立了以"911"报警中心为指挥中枢的应急指挥系统。"9·11"事件后，又组建了联邦应急日常总值班机构，即联邦国土安全运行中心。2004年，联邦国土安全部向全国发布"国家突发事件管理与处置系统（NIMS）"和"国家应急预案（NBP）"，从硬件（系统）和软件（制度）上建立了各部门号令一致、联动运行的应急协同机制。美国的"911"中心实行分类处警战略，他们以警情的紧急程度和严重程度为主要标准，将接收的警情分为 5 类，依次是危急、紧急、常规、延缓、电话组。每类都有不同的警力配备、装备配备，不同的出警速度和行车规则要求。指挥中心根据警情和警力，本着先急后缓、先优后次的原则进行调度处置。这就保证了紧急警情总能得到紧急的处理，好钢真正用在刀刃上。强有力的指挥权威，高效的指挥调度机制，先进的装备设施和高素质的接处警队伍，形成了应急处置的强有力的神经中枢。

2. 常备的应急处置力量

美国应急队伍包括应急管理队 IMT（Incident Management Team）和应急救援队（如消防队、城市搜救队和医疗队等），再加上警察的各类备勤力量。这些不同类型、不同层次、不同功能的处置力量，构成了完善的备勤力量体系。针对 911 的五级警情分类，都对应有不同响应能力的出警力量。一级警情的到达时间为 3 分钟，使用"911 电话"系统调度，专业的备勤警力出警。而五级警情的到达时间可以延缓至 2 个小时，使用"311 电话"系统负责调度，只使用常规的警力，甚至是调用社区警员、平民雇员、志愿者等"替代处警力量"进行现场处理。这些应急处置力量，不但完备，而且专业。政府建立了规范的培训、资格认定机制及考核、晋升职官机制，实现了应急管理队的规范化、标准化的日常备勤管理。

3. 触发式的应急指挥机制

美国实行的是制度主导型的应急反应机制，靠强有力的法律规范、完备清晰的预案体系来主导应急力量的运行。几乎不用层层报批、处处研究的领导个人权力的介入。在学习期间，笔者参观了洛杉矶应急指挥中心。据称这是美国最大的地方政府应急处置中心，洛杉矶也是美国第二大城市，可见这里担负的任务一定艰巨而繁重。它由两部分组成，即前面的处置大厅和后面的指挥厅，前后以玻璃向望。处置大厅有近百个坐席，每个坐席桌上摆电脑，椅上挂马甲，马甲上写着如卫生、电力等不同的部门的名称。这里的每一个席位，都代表着一个责任部门的应急窗口（既有政府的，也有非政府的）。它们实行的是战备机制，无事时无人，一旦有事，中心发出指令，各部门招之即来，来则即战。这里的一切指挥决策，均由端坐在后台指挥厅的该中心警察负责人直接作出。既无需任何动员部署，更无需任何领导"亲临一线"。尽管现场的警官与各部门官员之间并无管辖关系，而且其官阶并不高，但却没出现过不服从的问题，因为一切办法和责任都清清楚楚。可见，其触发机制的爆发力取决于钢性的法律规范。这种平战结合，触发转换的应急指挥模式，既十分直接、专业，又十分经济。

（三）高效率的应急保障体系

美国的应急资源保障既着眼于有备无患，又着眼于方便快捷。主要体现在如下几个方面：

1. 通信技术方便快捷

美国有良好的全国性的信息技术基础平台，它们以全国性的电子政务框架为基础，以联邦应急管理署（FEMA）推行的"电子化"战略为统领，构建了快捷高效的应急通信系统。目前，FEMA已投入使用的有：国家应急管理信息系统（NEMIS）、通用地理信息系统（GIS）、人力资源系统等多个通用分布式应用系统；开发了支持漫游和互操作通信的下一代无线网络（LTE）技术；组建了跨区域、跨部门、互兼容、互操作的公共安全网络，确保了各种应急处置人员能利用通用技术平台及时获得信息和发布信息。美国"911"应急联动系统也在"电子化"战略下向集成高效方向发展。近年来，他们开发和使用的新技术有：通过数据库及时向执勤警车提供信息支援，以三方通话的形式解决使用不同语言的报警、求助、处警；建构了全套电子化的空中指挥中心；通过报警电话的全国性路由引导 GIS；GIS 与无线定位技术结合，推进无线"911"技术。

2. 物资装备有备无患

美国不但有充沛的应急物资储备，而且还有较为完善的突发事件应急资金管理制度。近 3 年来，美国联邦应急管理局每年应急资金预算约为 32 亿美元，其中包括联邦每年 23 亿美元的灾害应急基金。一旦出现紧急情况，可以立即投入使用，省去了许多复杂的报批程序。当然发生特别重大事件后，必要情况下，总统和国会可另外特批资金。紧急事件的突发性，使应急物资不但要备，而且要快。当前，美国一些较大的城市都建设了以网络为平台的综合性应急资源管理系统，用资源地图方式实现人员、装备、物资等应急资源的合理存储和科学匹配，从而能够在第一时间对应急处置所需资源进行清晰准确定位和快速有序调配。

二、三维结构——应急警务体系之分析

应急警务就是警察组织对紧急的案事件的应对和处置。其对象

包括突发性的维稳事件、治安事件、涉众型案件、公共灾害事件等。其特点是事件的突发性、处置的被动性和后果的灾难性。其难点在于既快速又准确。应急一分钟,日常十年功。应急警务的成败,取决于"未应"之前的警务基本功,是否构建了一套扎实的应急警务体系。平时多流汗,急时少流血。

应急警务流程可以分为四个阶段,即备警、预警、处警、结警四阶段。备警,指平常进行应急警务的战备。预警,指对应急警情的预判。处警,指发生紧急警情后的处置。结警,指处警完毕后的善后工作。四个阶段既各有侧重,又一气贯通。分析总结美国经验,可以看到,贯通应急警务流程四个环节的,有三条核心轴线,即时间、法规、保障,可以称之为应急警务体系之三维结构。

(一) 时间之维

正如洛杉矶警察局信息通信服务局罗格·W. 汉姆局长所言"在公共安全领域,成功经常在分秒间被确定。"应急警务的三大特点,决定了时间的重要性,时间就是生命,它是成功处置的第一要素。所以时间之维决定的是应急处置的效率,是应急警务的第一维度。事件发生快,处置也就必须快。

时间之维建设的目标指向,是应急警务要素之间的关联性,是成功处置最核心的前提条件。应急警务的被动性决定了只能事后反应,永远比事件本身慢半拍。突发性决定了你没有时间准备,仓促之间应对。这就是我们应急警务在时间上的先天不足。要在被动的前提下实现快速反应,必须建立各项应急要素之间的高度关联,以系统要素的高度耦合,减少应急反应时间,达到以快制快的效果。

零时间组织理论就是追求反应行为的时间为"零极限"的组织理论。它告诉我们，要想实现组织的快速反应，必须突破水平时间的观念，树立负时间的意识，以垂直时间的思维，争取零时间的目标。这里的水平时间指的是传统从今往后水平时间轴的时间；垂直时间就是此时此刻的横向时间轴的时间；负时间就是离目标倒计时的时间；而零时间就是行动与目标、结果同时的时间。《诗经》里"未雨绸缪"、《周易》中有"安而不忘危，存而不忘亡，治而不忘乱"、《左传》里"居安思危，思则有备"等警句讲的也是这个道理。

要在负时间里完成从事件发生到现场处置的动作组合，必须从备警、预警、处警、结警四个环节入手，从价值、学习、管理、流程、内部五个方面的零间隙上整合各类资源，构建应急管理零时间反应系统，具体详见表1。

表1　　　　　　　　构建应急警务的零时间反应系统

	零价值	零学习	零管理	零流程	零内部
备警	认识到蓄力越多，弹力越强	平时多流血，战时少流汗	建设时间、法规、保障的三维运行体系	建立人力、技术、装备的应急集成系统	目标责任的一致性
预警	理解凡事预则立，不预则废	充分地预习和演练	科学的情报预判	完善的预案系统	经常的沟通和协调

续表

	零价值	零学习	零管理	零流程	零内部
处警	理解时间就是生命，规范就是成功	建立学习型的应急队伍	规范化的处置行为	集成化的运作机制	高效的通信和交通
结警	认识失败是成功之母，责任贵在落实	认真地举一反三	零容忍的错误倒查机制	一专多能、一包到底的包责任	民主的交流总结

（二）法规之维

俗话说慌不择路，饥不择食。被动反应，仓促应战，必然使应急警务的处置质量难以保证。这是应急警务的第二个先天不足。我们只有把整个应急管理工作纳入法制和制度的轨道，将各个关键的环节和要素以及成熟的做法，以法律法规形式固定下来，以预案形式明确起来，以法权的强制性作保证，才能忙而不乱，急而不缺，有条不紊，既准又稳，实现应急处置的高质量。因此，法规之维决定的是应急处置的行为，是应急警务建设的第二个维度。

法规之维建设的目标指向，是处置行为的规定性，是应急处置的核心软件资源。其价值在于，应急事件发生之前，把我们应急反应的行为模式就预定下来，从而克服仓促应对的不足，排除临时选择的决策风险，把处置行为固定在正确的路径上。要实现这些价值，必须建立法律规范体系。一方面我们要善于把成熟的经验和有效的做法上升为法律规范，另一方面我们要敢于以法的强制性保证行为的正确性。因而法规体系建设应该把握三个实质要件：科学性、确定性、普适性。科学性要求规范内容的合理性，宁缺毋滥，这是其质量标准；确定性要求规范选择的规定性，宁细毋空，这是其价值标准；普适性要求规范适用的广泛性，宁宽毋专，这是其范围标准。同时，我们还必须把握法规体系的三个形式要件：法律、规章、预案。既以法律形式规定全域性最基本的内容，以规章形式规定区域性、普遍性的内容，以预案形式规定局域性、个案性的内容，从而形成一套完整的规范系统。

真正的法规体系不仅仅是写在纸上，更重要的是写在心上。必须在三个层面上普及规范体系：领导层面掌握要领，执行层面掌握全面，受众层面掌握急救等方面的规范知识。实现的途径一是普及教育，如组织专门培训、应急知识展览、开展活动宣传等；二是应急演练，可以是全局的也可以是局部的，如全市性的应急演练，和某个单位的应急演练；三是检查考核，定期不定期地开展对规范熟悉和执行情况的检查和考核，可以面对面地掌握真实情况，硬碰硬地督促整改。

（三）保障之维

巧妇难为无米之炊。事发的突然性，使得我们猝不及防，无以为应。这是应急警务的第三个先天不足。要想在应急的瞬间，需要的人、财、物信手拈来，随心所欲，为我所用，必须有科学而充足的后备保障，这是有效实现应急处置的物质条件。因此，保障之维决定着应急处置的物质基础，是构建应急警务的第三个维度。

保障之维建设的目标指向，是应急条件的合意性，是应急处置的核心硬件资源。其价值在于，应急事件发生之前，通过我们的资源组织，把我们应急反应的必要资源就预备到位，最需要的资源都能在最需要的位子，被最方便地获取。应急资源分人力资源和物质资源，而物质资源又分装备及物资。应急需要的资源一般通过三条途径获取：一是专门储备的，即事先储备好，只备在应急关键部位，只为应急所用；二是相对预备的，即事先列入应急预备，但平时可作日常使用，具有平战结合的双重功能；三是就地取材的，即就现场现有的资源用于应急处置。出于经济性考虑，专门的要备精，相对的要备足，就地的要备活。备精就是只备关键的，那些应急时必须要用，日常时很难找到的装备及物资，否则就容易造成浪费。备足就是尽可能地备齐，应备尽备，因为它的双重使用的功能，使之成为了最有效的资源。备活就是熟练掌握，灵活运用。即使就地取材，也要做足基本功。事先了解和掌握各类易发生紧急事件区域的资源情况，并努力练就使用普通资源解决急难险重问题的本领。因而保障体系建设应该把握三个标准：完备性、便捷性、经济性。满足这些标准，需要我们建立起人力、技术、物资，三方高度协同的保障运行体系。

三、系统集成应急警务三维构造体系

对应急警务的三维构造体系的分析告诉我们，应急警务是一个复杂的大系统，既是多类要素的组成，又是多个单元组合，还是多维系统的构造。但系统的复杂度与敏感度是成反比的，复杂度越高，内在的阻尼系数越大，反应速度越慢。要完成应急系统的三个维度的建设，必须打牢三大基础。要真正做到应急处置的快速反应，必须提高系统的集成度，增强系统的耦合能力。

系统集成必须要有优质的集成界面。集成界面指的是"集成单元之间的接触方式和机制的总和"。良好的集成界面，是各子系统间关联和融合的核心介质，是集成关系形成和发展的基础。目前全国公安机关都建立了110指挥调度系统，当然地也承担着应急处置的指挥调度任务，发挥了重要作用。但是，对于应急处置而言，当前的110系统就是一个指挥调度的平台，是一个平面的指挥机构。也就是说除了指挥命令，与其他工作单元几乎没有其他关联途径。应急指挥，必须能够在某一被动的突然瞬间，集合起全面强大迅猛的反应能量，就必须要有日常的系统高度集成，实现常态下的系统诸元之间的高度关联和耦合。"一般而言，集成度越高的集成体（系统），集成的效能也越高。"集成度是反映集成体特征与性质的综合指标。它包括密度与维度两个静态参量，关联度、融合度两个动态参量。应急指挥集成界面建设的基本指导思想应是：用时间、法规、保障三个维度，串起事件、警力、物资三个基本元素，形成包含备警、预警、处警、结警四个不同系统板块的集成界面，以处理不同类型的紧急事件。集成界面的物质形式就是以110指挥平台为龙头，统筹整个应急系统的综合平台。它和一般意义上的110平台的区别，在于它是一个有纵深的网络系统，能够实现牵一发而动全身的效果。

一个高质量的应急集成系统必须是形神兼备的。如果说作为集成界面的系统平台是其形的话，那么其神则是110的神经系统。神经系统主导着网络组织。一方面它控制与调节各器官的活动，使之成为一个统一的整体。另一方面它使机体对环境变化的刺激作出相应的反应，达到机体与环境的交流。神经系统的基本物质形态是信息系统，基本活动形式是反射。反射有敏感度和强度两个参量。它要求系统在触发的瞬间，能够聚合既快又强的反射力量。一般来说，反射的动力来自两种权源：法权和威权。法权指的是以法规为力量的权力体系。威权指的是以命令为力量的权力体系。前者是法治，后者是人治。当前，我们重视的是所谓"大员上阵，坐镇指挥"，即指的是后者。它在反应速度和精度上都有着致命缺陷。从速度上来说，即是人治为主，意味着必须领导发号施令。那么其反射的行程必须经过神经末梢的触发，传导至领导神经的决策，再回到末梢反应。反射行程一长，信号层层衰减，速度和质量就难保证。因此，要实现神经系统两个参量的完美结合，必须以法权体系为应急警务的力量之源。只有当我们以法的强制力作保证，以建立起科学规范的刺激反应模式，才能使我们的应急警务系统具有既快又强的反射能力。

决策体系则是应急警务集成系统的灵魂，统御着整个应急警务。正如决策大师罗宾斯所言，"正确做事很重要，但更重要的是做正确的事，换言之，执行很重要，但比执行更重要的是决策"。对于应急警务来说，成败往往命悬于决策一线。科学的决策体系应该由决策系统、智囊系统、信息系统、执行系统、监督系统组成。而决策系统又是决策体系的核心，必须"由担负决策责任的决策者组成，因为只有职权责相匹配的人才具有正确决策的能力和激励。因此，我们必须排除庸俗的"领导决策"和庸俗的"民主决策"误区。庸俗的"领导决策"者认为，领导越大决策越正确，口号是"老大难老大难，老大出手就不难"。这是极端错误的，它一方面是我们武断决策的罪魁祸首，因为一旦决策者权大于责，就容易出现过火决策，往往官阶越高，制衡的因素越少，决策的随意性越大。另一方面又是我们优柔寡断的重要根源，各级都把矛盾层层上缴，导致推磨转圈、游而不击。庸俗的"民主决策"者认为，人越多决策越正确，口号是"三个臭皮匠，顶个诸葛亮"。这也是糊涂的认识，因为"群体决策通常会受到群体思维、极端化倾向等的影响，而导致决策的失败"。所谓军师多了乱朝纲。因此，罗宾斯毫不客气地批评中国的臭皮匠理论，"在绝大部分时候，臭皮匠就是臭皮匠，多少臭皮匠也成不了诸葛亮"。智囊系统则应由专家系统和资料系统组成。智囊的作用越充足，决策者失误的空间越小。而建立一个大而强的执行系统固然十分重要，一个小而精的监督系统也是同样必不可少。两者绝不能互相代替，更不应相互混淆。

　　总结起来，我们可以说，应急警务的系统集成，必须是以集成界面为脸谱，以信息网络为神经，以法律权威作保障，以决策机制为灵魂的人机交互系统。

伊拉克的警察教育训练和队伍建设^①

2003 年 3 月 20 日，美国以伊位克隐藏有大规模杀伤性武器并暗中支持恐怖主义为借口，绕开联合国安理会，公然单方面决定对伊拉克实施大规模军事打击。这场战争在整个世界引起了强烈的震动，产生了广泛而深远的影响，也带给我们多方面的启示和思考。

一、伊拉克警察力量的历史

伊拉克警察力量有着悠久的历史。根据伊拉克第 72 号警察法令，第一支警察力量始建于 1920 年，并于 1921 年由伊拉克内务部正式组建。1922 年内务部任命了该警察旅的第一任警察长官和成员。1927 年伊拉克与英国合作开展联合警察培训。几年以后，伊拉克代表团继续访问英格兰，参加高级警察培训。当时的伊拉克警察力量是一种民事力量，类似于民事警队，直到 1970 年被伊拉克复

---

① 《伊拉克的警察教育训练和队伍建设》发表于《考试周刊》第 58 期，2016 年 7 月。

兴党（Baath Party）政权军事化，其政党成员绝大部分是逊尼派。自此以后，警察就与萨达姆·侯赛因政权紧密联系起来。在西方视角下，这些警察在过去的 30 年里还不算是最糟的人权侵犯者，却是最直接可见的侵害者。警察当时不是萨达姆最喜爱的安全力量，结果，他们的待遇很低、缺乏必要的培训，这也使他们的发展状况进一步恶化，从而导致了腐败的滋生，进一步破坏了公众对他们的信心和信任。

在伊拉克社会复兴党政权统治时期，伊拉克有两个层次的国内安全机构。第一个层次是直接向总统秘书处报告的安全机构，包括伊拉克情报局（Mahabharata）、特别安全组织、整体安全保卫部、萨达姆敢死队、复兴党自卫队和特别共和国卫队。第二个层次由伊拉克内务部领导，包括警察总保安部、交通警察总保安部、国防保安部、公民与移民警察保安部、巴格达警察学院以及警察高等教育学院。国防部负责边防卫队的运作，但边防卫队的行政、供给和管理由伊拉克内务部负责。伊拉克内务部直接控制分布在全国各地的应急警察部队，用于平息国内动荡。警察总长官指挥巴格达的警察总保安部总部以及全国 17 个行政州的警察保安部。警察总长官以下设四个副长官，分别负责重大机构保护（铁路警察、石油保护、电力保护、检查哨岗、国防部卫队、机场卫队、大使馆卫队等）、技术与开发、金融与行政管理、犯罪事务行动等。

州警察保安部的组织比较简单，由卫队（负责重大机构保护），犯罪与应急警察部队保安部等机构组成。其总部以下是地方保安部，各自具有其警察局和派出所。警察局局长由巴格达的伊拉克内务部任命，在省内受州长或市长指挥，两者都应是资深复兴党成员。尽管当时已有当地警察进行治安管理，所有的警务文件（如逮捕报告）都要向巴格达总部递交复印件，说明当时的巴格达对省级的警力控制很严格。

伊拉克内务部安全力量包含交通警察部，负责车辆登记、颁发驾驶证件和交通控制。国防保安部负责消防服务和自然灾害处理。公民与移民保安部负责国民身份卡和出生、死亡、墓葬、结婚和离婚登记。边境警察局主要包含以下三个基本分支部门：海关警察、边境警察和边境卫队。边境警察负责边境巡逻，边境卫队则负责保护进入伊拉克的十大要塞以及之间的 264 个边境警察局。

二、培训与待遇

伊拉克警察分为三个层次：非委任警官、助理警官和普通警官。非委任警官所受的正式教育较少，通常只具有初级教育背景。被聘用后他们在本省内通过为期三个月的培训项目进行训练。各省之间的培训标准和持续时间略有不同。这种培训结束后，这些非委任警察就开始负责警方与伊拉克民众的绝大部分日常接触。非委任警察最先处理民众的报警，负责处理民事争端，维持公共秩序。

助理警察需完成中等学校教育，通常毕业于警察高等中学，然后接受警察职业培训。他们通常在伊拉克警察队伍中被任命担任各种行政职务，只负责监管严重犯罪。他们的义务是协助普通警官的行政工作。

普通警官一般是中级学校的毕业生，进而在巴格达警察专业学院继续学习，经历三年的正规教育。完成职业培训后，警察们将获得相当于警察科学的学士学位，只是他们的课程内容大多是军事纪律和训练。从警察专业学院毕业后，警察们通常被分配到指定地区的职位上终身服务。这些人首先被任命为二等中尉，可以每四年申请晋级。晋级的标准是资历、记录良好、专业训练以及参加晋级上尉的书面考试。这些警察可以在巴格达的警察高等发展学院进修课程，做科学研究，然后被授予硕士学位，甚至博士学位。但是他们的教育机制中没有传统的督导管理和员工培训与拓展项目。

伊拉克警察队伍以前不能吸引高素质的人员，因为警察在社会中的地位比军人要低，因此待遇和可用资源较差。他们的待遇（包括奖金）是，最低级别人员为每月 8 万第纳尔（50 澳元），最高级别的少将的待遇是每月 185 000 第纳尔（112 澳元）。目前这样的情况发生了改变，因为伊拉克目前就业机会很少。律师、医生和教育业人员等一大批专业人员蜂拥而至加入警队。当经济改善时，这些人有可能离开警队。在伊拉克学院培训期间起用的许多翻译人员是具有资格证的教师、律师和宠物医师，目前翻译人员比仍然保留原职业的人获得的收入高。一般警察除了获得底薪，还能得到参加行动的风险义务工资。带薪病假的时间没有限制，但是请病假就没有了风险工资。

三、伊拉克国民警察局的组成

目前伊拉克警察力量可以分为三个分支：伊拉克警察局（IPS）、伊拉克国民警察局（NP）以及其他支撑力量。伊拉克警察局（IPS）是一支着装正规的部队，负责伊拉克城市的日常巡逻以及应急事务处理。伊拉克国民警察局（NP）是一支准军事化警察力量，介于警察与军队之间，负责处理 IPS 无法处理的事务，但又不够像伊拉克军队那样正规地去处理国内事件。在紧急情况下，IPS 可以要求伊拉克国民警察局（NP）参与处理。其他支撑力量包括负责保卫伊拉克边境和入境处的边境执法局、负责监狱管理的伊拉克监狱局以及负责保护伊政府拥有的建筑物的设施保护局。

目前的伊拉克国民警察局于 2006 年 3 月按照第 383/31 号备忘录组建。伊拉克内务部特别警察的四个单位组合成现在的伊拉克国民警察局。这四个单位如下：第一公共秩序旅；第二公共秩序旅；紧急情况反应小组；第八特别警察机动旅。现存的国民警察局于 2004 年建立，用来满足应对紧急情况的需要。它是介于警察和军队之间的桥梁力量，可以在警察没有执法功能或是没有警察的情况下用来重建法治功能。随着伊拉克警队的培训和发展，这种需求已经越来越少了。

四、伊拉克警察队伍面临的问题

改革后的伊拉克警察队伍面临着很多的危险，警察成了伊拉克国内外各种反对新政府势力的攻击目标。2005 年 12 月 24 日，伊拉克内务部长哲瓦德宣布，从以美国为首的入侵事件发生以来，已有 12 000 名伊拉克警察因公殉职。而在 2005 年 1 月至 2006 年 3 月 4 日，数以千计的警察死于伊拉克国内的反叛分子、国外恐怖分子的各种枪击和自杀式炸弹事件，还有来自友军的误射炮火。但是由于伊拉克目前就业形势非常严峻，因此还是有很多人愿意从事这种工作。令人觉得讽刺的是，许多人在警察招募站外排队时被叛乱分子的自杀式炸弹或是汽车炸弹杀死。同时,叛乱分子还因各种动机,以各种面目渗透到了伊拉克警察队伍中,使他们能利用警察获得的优先情报、训练和武器装备。许多警局被这些人袭击、炸毁、抢夺武器、被反政府武装占据。很多警察因此逃离岗位,还有的脱下制服,将他们的枪口对准了曾训练他们的美国人。还有些警察即使离岗也逃脱不了被人袭击的命运。

由于伊拉克国内复杂的民族和宗教矛盾,伊拉克警察队伍也不可避免地卷入其中。2006 年美国国会发布了一项人权报告,指责伊拉克警察的大量暴行,因此伊拉克新政府于 2006 年 10 月解散第八警察旅,因为该旅与一些宗派间的"死亡中队"有牵连,该组织绑架了 22 名罐头加工厂工人,并杀害其中的 7 人。警察们不但没有打击这个"死亡中队",还纵容默许他们这样做。这个被解散的警察旅成员后来被转移到美国的军事基地接受警察职业"再次教育",其他的警察队伍从此开始受到内部的严密调查(Al Pessin)。

启　示

伊拉克通过战后的警察机构改革,将原来的那支腐败无为的军事化警察队伍彻底解散,重新建立起了一支相对高效的民事准军事警察力量,这种先破后立的大胆改革师从西方民主制,是对萨达姆时期警察形象的彻底颠覆;在警用非致命性武器上的改革以及警察角色上的改革体现了警察的平民化色彩,而警察力量的平民化更是现代警务改革的大方向之一;严格的学警培训制度和警衔等级制度使其警察队伍更加专业化、正规化;新政府近年来聘用了大量澳大利亚、英国、美国等国家的多位警官充任教官，试图借西方民主制度的东风来提高伊拉克国家警察培训水准。

然而，这种"民主改造"并没有收到预期的效果。目前伊拉克境内的混乱使先前的改革成了一种隔靴搔痒，对时局起不到根本性的稳定作用。究其原因，一是由于美军发动伊拉克战争给伊带来的诸如恐怖主义渗入、宗派冲突复杂化等各种"后遗症"。二是从伊拉克国内的情况看，始终困扰伊拉克的宗派冲突问题一直没有解决，伊拉克国内库尔德人、什叶派和逊尼派三派之间以及其他各派内部依然在权力纷争、石油资源分配等重大问题上存在各种各样的矛盾。此外，伊拉克周边国家也从各自利益出发而对伊拉克局势施加了不同的影响。2010 年 3 月 7 日伊拉克举行议会选举，没有党派获得过半议席。由于各派分歧明显，新政府在大选过去近 4 个月后仍未成立。政治僵局下，伊拉克近来密集发生连环自杀式爆炸袭击，造成数百人伤亡，警察更成了重要的袭击目标。然而还要强调的是，即便伊拉克如美国所说的那样变成了一个民主国家，其长远的历史和宗教传统烙刻出来的民族特征不是一场战争和一次改革就可以洗去的，盲目照搬西方民主制度并不能完全解决目前伊拉克国内的混乱问题。

在职民警参与教育和训练的
动机调查报告①

公安部于 2015 年 1 月 1 日起正式实施修订后的《公安机关人民警察训练条令》（以下简称《训练条令》），要求紧紧围绕以基础信息化、警务实战化、执法规范化、队伍正规化为内容的"四项建设"，创新公安教育培训工作，培养造就大批适应公安工作要求的干部队伍，是培训工作面临的一项重要任务。

"四项建设"要求是针对目前我国公安教育培训现状和不足提出的。为了解我国目前在职民警参与继续教育和训练的现状，本研究对此开展了问卷调查和座谈活动，旨在系统调查在职民警的学习动机和学习障碍情况，试图解决以下问题：①在职民警的学习动机和学习障碍分别是什么；②不同个体的背景差异对学习动机和学习障碍的影响；③在职民警教育与训练动机对于公安教育培训工作的启示。

---

① 《在职民警参与教育和训练的动机调查》发表于 2016 年 4 月，《新教育时代》第 16 期。

一、文献回顾

通过搜索中国学术期刊网出版总库 2000—2015 年发表的相关研究，研究者发现，目前我国警察教育和训练工作改革方面的典型研究如下：廖正康，邹行廉，杜举乾（2006）通过对公安民警在职教育培训动力机制的调查分析，提出要加强政策法规建设和教育培训宣传、坚持培训与任用相结合、建立培训自主选择机制、提高在职教育培训的师资水平、增加经费投入等手段，增强在职民警教育培训内外部动力。张培文（2010）认为改革创新公安培训制度，首先应以创新理念、创新思维为先导，把培训作为公安人力资源开发的重要战略，应贯彻终身教育理念，健全完善培训管理机构，健全公安培训保障机制建设。刘鸿儒（2015）提出，面对公安培训工作存在的问题，应该紧紧围绕"四项建设"，创新教育培训理念、创新培训训练形式、创新培训教官团队建设、创新培训激励机制和考试考核体系、创新教育培训实战成果转化就成为提高培训质量的必由之路。

通过对以上研究的分析，我们发现，国内目前对于警察教育和培训的研究主要是公安政法院校的专家学者以及公安机关教育培训管理人员，而教育学、心理学等相关领域研究者对在职警察的教育和培训内在动机和激励机制研究不够；以上研究多数从社会学、管理学的角度加以开展，研究集中在教育模式、组织、方法、内容等外在要素，在我国现有的警察教育的方面尚没有出现具体关于警察个体在接受在职教育和培训方面的内在动机方面的实证性调查研究。

二、实 证 调 查

（一）问卷设计和回收

根据学习动机和障碍的相关理论，我们在本次实证调查中假
设：在职警察的性别、年龄、专业背景、学习间隔、离职次数和职
位水平对其学习动机和障碍有显著影响。基于这个假设，我们设计
的调查问卷在参考 EPS 和 DPS 量表基础上修改而成，测量分数的
设定均采用利克特（Likert）量：1 为反对，2 为不同意，3 为无意
见，4 为同意，5 为非常同意。本研究选择湖北某市公安局及下属
派出所内的在职民警进行简易抽样。发放问卷 100 份，收回 95 份，
问卷回收率为 95%，其中有效问卷 93 份，样本有效率为 97.9%。
从被调查样本的个人背景特征看：男性民警人数是女性学员的两倍
多，分别占 70% 和 30 %；年龄的跨度比较小，所有被调查民警的
年龄都在 25~50 岁，其中 31 岁以下年龄段的民警占比例最大，为
52.0%；专业背景（主要指入警前最后学科背景），自然科学、社
会科学和人文科学分别占 51.5%、33.8%、14.6%；被调查者的学
习间隔期分布，以 1~3 年和 4~6 年这两个间隔段人数较多，分别
占 40.9% 和 46.5%；从未转换过工作的学员占总人数的 54.8%，
转换 1~2 次的占 45.2%；在职位层级方面，基层和中层的占样本
多数，分别为 46.5% 和 42.4%。

（二）实证研究分析

在职民警各项学习动机中，均值从高到低为求知职业成长、社会地位、社会关系、个人生活和外界期望，分别为 4.02、3.63、3.72、3.41、2.22、2.41，说明对管理学知识本身的追求、对硕士学位所带来的职业发展与社会地位的改变，是在职民警学习的主要动机；而在学员参与硕士教育的学习障碍中，障碍测度由高到低分别是经济障碍、社会障碍、家庭障碍、健康障碍和支持障碍，均值为 3.32、3.10、2.90、2.20、2.15，说明求学期间的经济机会成本以及社交活动是影响他们参与继续教育和训练的主要因素。

（三）个人背景特征对学习动机的影响分析

利用个人背景特征与学习动机进行了单因素方差分析，分析结果表明：①学习间隔与离职次数对求知欲望有显著性影响，学习间隔期越长对获得新知识的渴求越大，离职次数越多越清楚认识"知识"在工作中的重要性。②性别和学习间隔对社会关系的学习动机有显著性影响，男性社会关系的学习动机明显高于女性，说明男性更喜欢利用学习机会去建立起社会网络，同时学习间隔越长越希望在学校中建立不同于职场的社会关系。③年龄和职位水平对社会地位的学习动机有显著性影响。年龄越大、职位水平越高，提高社会地位的学习动机越强，因为年龄越大、职位水平越高越意味着更多的职场瓶颈，越渴望通过社交圈来提升自己的社会地位。④学习间隔越长，越容易产生满足外界期望的动机。⑤性别在个人生活方面的学习动机有显著性差异，女性更希望追求个人发展和渴望校园生活。

（四）个人背景特征对学习障碍的影响分析

利用个人背景特征与在职学习障碍进行了单因素方差分析，分析结果表明：①男性民警的社会障碍明显高于女性，这与社会关系的学习动机也是有关系，并且男性更多需要参加应酬等，同时学习间隔越长的在职学员，其社会障碍越大，因为工作时间长其社会网络相对也大。②年龄越大，家庭障碍越高，因为照顾小孩和父母的压力越大，这与学习间隔也是有直接关系的。③职位水平上高层和基层的支持障碍最小，而中层的支持障碍最大。这通常与中层管理人员或其他层级管理人员的"职业高原"和"职业生涯瓶颈"有直接关系。④年龄段在 31~35 岁的在职学员心理和身体方面的学习障碍越高，这与他们职业发展遇到障碍、刚刚当了父母的家庭角色等综合因素有关。

三、研究结论和启示

结合以上数据以及与民警的座谈结果，我们得出了以下结论：

（一）在在职民警看来，凡是直接为民警晋职、晋衔创造条件，为提高民警专业技能的培训，民警的参训动机就强。如分警种的专业培训、计算机培训、职务晋升培训、警衔晋升培训等。

（二）部分热爱警察职业，成就感较强的民警更愿意主动接受较高层次的教育培训，即使对晋职晋级没有直接联系，他们也表现出对教育培训的浓厚兴趣和较强的求知欲。但对于求知欲、志向水平不高的人员，即使参加了较高层次的培训也多流于形式，对课程兴趣不大。

（三）在以行政手段要求参加的培训中，民警的参训态度和积极性差别很大。有的自觉参训，希望从中更新观念，学习新知识、新法律法规、新专业技能，有的却是被动应付，有的还存在抵触情绪，认为是浪费时间和金钱。

因此，本研究认为，在职民警的学习动机千差万别，培训教育项目不可能了解所有学员的学习需求，但是在教育过程中可以适当了解他们的学习动机。比如针对社会关系的学习动机，我们可以多创造一些让教师和学员共同参与的学习活动，这样寓教于乐，既传授了知识也让个体积累了更多的社会资源。在职民警因为奔波于工作、家庭和学习之间，经常处于忙碌、疲累的状态，因此提供更加弹性的学习时间和学习空间是提高学习质量的必要条件。很多关于职业生涯开发的研究都强调辅导的重要作用，因此教育机构不仅要在教育方法上进行创新，也可以适当引入辅导计划来应对在职民警的学习障碍，辅导计划包括职业辅导、心理辅导、同辈辅导。同时，民警的在职教育项目应当适当增加压力管理、时间管理和目标管理的培训课程，以减少学习障碍对学习的影响。

基于"一带一路"战略的涉外警务人才培养模式研究

"一带一路"发展战略充分展示了中国在新形势下与世界各国开展全方位深度合作的决心。"一带一路"建设发展战略的提出既为涉外人才的培养提出了挑战,又为涉外警务人才的培养带来了历史机遇。

一、"一带一路"战略为培养涉外警务人才带来的挑战和历史机遇

(一)"一带一路"战略所面临的非传统安全性问题

由于"一带一路"涉及面广,路线长,在安全问题上形势严峻。从"一带一路"涉及的国家和地区来看,其处于恐怖主义势力、种族分裂势力、宗教极端势力三股势力范围内以及海盗、跨国贩毒走私和跨国有组织犯罪等犯罪活动猖獗之地。这些安全问题给

"一带一路"发展战略规划的实施带来了严重的威胁。在新形势下，这些问题表现得日益突出。例如，2014年3月1日云南昆明火车站发生的一起由新疆分裂势力策划的砍杀事件，造成了29人死亡，130余人受伤。又如近几年来，中国企业"走出去"战略实施中，中国公民在海外被绑架、遇袭的事件时有发生。2007年4月24日，一家设在埃塞俄比亚东南部地区的中资石油公司项目组遭不明身份武装分子袭击并抢劫，9人死亡，1人轻伤；2014年8月24日，3名中国工程师在土耳其东南部被库尔德工人党绑架。这一件件血案告诉我们，这些安全问题严重破坏了战略沿线稳定，制约着"一带一路"建设的发展。

"一带一路"是一个跨越多国的经济合作带，"一带一路"的发展必然会使各国之间的关系日益密切，此时不安全因素就会借机搭上顺风车，这势必需要各国警察的保驾护航，需要能及时处理这些非传统安全因素的涉外警务人才。

（二）"一带一路"战略自身性质的要求

"一带一路"发展战略旨在建立以中国为主导，谋求沿线国家合作的洲际开发战略，寻求中国与沿线各国在交通基础设施、贸易、投资与能源合作、区域一体化、人民币国际化等领域开展深度合作。因此"一带一路"战略的实施必将是一个文化交流、政治包容、法律合作等涉及多个领域系统艰巨而庞大的工程。然而沿线多个国家和地区经济发展水平、政治体制、文化特点、民族宗教等因素都有所不同，因而对共同发展的期许不太一样，中国这时就需要根据沿线各国家地区不同的国情开展合作。合作需要沟通，解决冲突与克服差异是沟通的前提，而解决这些问题就需要工作力强、业务水平高、综合素质高、应变能力强的涉外警务人才在其中发挥重要作用。这为我国公安院校指明了一条新的警务人才发展道路。

"一带一路"涉及沿线 50 多个国家，总人口约 45 亿（约超过世界人口的 60%）；涉及英语、俄语、韩语、印度语、希腊语约 20 种语言；涉及基督教、伊斯兰教、天主教、佛教等多种宗教；涉及资本主义、社会主义多个政治制度；涉及大陆法系、英美法系、伊斯兰法系等多个法律体系……单纯从这几点看来，"一带一路"沿线国家情况非常复杂。然而在日常警务执法活动中必定要考虑这些因素，这也就为涉外警务人才提出了更高的要求。

二、"一带一路"建设下的涉外警务人才培养模式

为了适应"一带一路"战略对警务活动的新要求，中国公安院校警察教育必须要针对新情况，新问题培养涉外警务人才。围绕以"具有家国情怀，拥有国际视野，通晓国际法规，胜任国际执法"的人才培养原则为指导原则，培养一批"通外语、懂经济、明法律、精网络、善侦查、强体魄"的涉外警务人才。通过教育培养，这样的警务人才将具备法律素质、人文素养、语言能力、业务知识、实践技能、沟通合作等能力。具体可以围绕以下方面展开：

（一）通外语。合作需要沟通，语言是有效沟通的重要媒介，因此培养涉外警务人才的语言能力与警察的业务能力将被放到同等

重要的位置,要注意把握好"一带一路"建设对语言需求的特殊性和语言学习规律一般性两个方面。根据需求来看,中方需要非通用语人才,外方需要汉语人才。根据此特点,公安院校在日常外语教学中可以尝试开设"2+1"的语言教学模式,即将两门最通用的语言(一般为英语,俄语)作为必修课程,在此基础上选修一门自己感兴趣的语言(日语,韩语,马来语等)作为自己的选修课程。在外语的教学中要把握好三个方面:①外语教学不能眉毛胡子一把抓,要有所侧重,根据"一带一路"建设的主要需求如经济、政治、警务方面进行教学;②要根据学生自身实际情况和各语言特点有梯度地开展教学;③将外语教学与实际警务相结合。

(二)懂经济。"一带一路"战略的核心是经济合作,因此要把经济方面的学习作为人才学习的重点。对于警务人才来说,主要是加强对国际经济法律和常见经济犯罪手段以及其处理方法的学习,可以尝试开设国际经济法与经济犯罪模拟演练课程,让学生在学中用,在用中学。

(三)明法律。公安院校培养的是执法主体。只有具备高水平的法律素养和执法能力,才能在"一带一路"建设中更好地履行职责,更好发挥作用。加强学生的法律教育,必须做好以下三个方面的工作:①在该涉外警务人才的法律教育范围上,不仅要教授"一带一路"沿线国家的基本法律,还要教授贸易,知识产权等专门法律;②在该涉外警务人才执法方面的法律教育上,不仅要注意教授各国警务活动进行时所遵循的普遍法律,还要注意教授各国警察执法法律的特殊性。只有这样,法律在跨国办案中才能减少阻碍;③在该涉外警务人才的法律教育问题上,要注意与时俱进,比如要及时将"一带一路"建设中遇到的个性案例和针对最近网络犯罪方面涉及的法律相结合，并适应引入教学中，合理教学。

（四）精网络。从"一带一路"建设暴露的犯罪现象来看，网络犯罪、电信诈骗案件高发不断，严重影响了"一带一路"建设的稳定性、健康性；从警务人才在"一带一路"建设中所发挥的作用层面来看，其中一个重要作用是为"走出去"企业提供了更多便利活动，其中包括为"走出去"企业提供涉警救助服务、公安行政审批服务，提高了相关企业人员安全自我防护和处理相关违法犯罪活动的能力。而提供这些服务最为便捷的措施是利用网络作为媒介，如搭建"警民 e 家"网站等。因此在警务教学中应有针对地开设网络执法安全、计算机操作系统、情报信息收集等有关课程。

（五）善侦查。从"一带一路"发展战略中所涉及的国家和地区来看，其处于"三股势力"，跨国贩毒走私和跨国有组织犯罪等犯罪活动猖獗之地，而这些犯罪发生的一个显著特点就是隐蔽性极强。这就要求警务人才需具备较强的侦察能力。因此在警务教学中应该注重学生侦查能力的培养，可以适当开设侦查学、涉外案件侦查等课程。

（六）强体魄。过硬的身体素质是一名合格警察的基本素养，何况"一带一路"沿线国家和地区的气候和执法环境等方面与我国有很大的不同，这就需要该警务人才具备过硬的身体素质来适应这方面的变化。和公安院校其他专业一样，体能竞技方面的课程设置绝不能忽视。

除了以上六大方面课程的设置以外，还必须针对"一带一路"战略沿线国各国特点开展宗教风俗和外交礼仪等课程。

三、发挥公安院校在培养"一带一路"人才中的作用

公安院校是培养警务人才的摇篮,并在"一带一路"涉外警务人才中发挥着重要作用。

(一)调查研究,从培养涉外警务人才的实际出发

中国公安院校首先要深入实际,从外部调查了解"一带一路"沿线有哪些国家和地区,这些国家的官方语言,宗教习俗分别是什么,他们的政治制度和法律制度是怎样,各地区警察的工作制度如何,这些警察与中国警察开展了什么样的警务合作。然后从院校内部进行调查研究,归纳出培养这些人才需要什么样的基础建设,分析出制约基础建设的因素为何,如小语种教师资源匮乏等。

(二)开展多层次合作,为培养涉外警务人才争取更大的便利

由于"一带一路"建设对警察人才提出了更高、全新的要求,因此公安院校要开展全方位合作,争取最大程度的资源,为警务人才的培养提供更为便利的条件。

1. 校校合作

可以通过与警察院校和地方院校合作,培养涉外警务人才。警

察院校合作，分为与国内警察学院和国外警察学院合作两种。与国内警察学院合作时，可以发挥各个警察院校在"一带一路"建设警务中自身的优势，在人才培养和教师培训两个方面开展务实合作。如中国人民公安大学在涉外警务，反恐合作专业研究方面较为成熟；云南警官学院在禁毒专业研究比较成熟。如此，中国公安院校就可以根据根据这些特点派教师去相关学校学习经验或者邀请相关教授到本院校进行专题辅导。

与国外警察院校合作，主要是与"一带一路"沿线国家和地区的警察院校在涉及"一带一路"相关安全学科方面展开合作。可以从教师和学生两个方面展开深度合作。教师方面，我国警察院校可以定期派访问学者到外国警察院校考察学习，提升语言能力和对学科建设进行学习，调查，取长补短。学生方面，互派交换生。这样一来既可以学习当地的语言，又能学习当地的政治，法律制度，还可以了解当地的实际情况。这些都为以后的工作奠定了良好基础。如果在上级主管部门的允许下，可以尝试与这些外国警察院校建立实习基地，或者学历提升教育建设。

与地方院校展开合作。"一带一路"建设对警务人才的要求高，主要体现在知识面广上。由于我国警察院校相关资源有限，相关学科建设还不够成熟，可以尝试重点与地方院校在小语种、国际关系、国际合作、国际法研究、经济学和计算机技术相关学科上进行合作。解决这一问题可以从三个方面入手：一是鼓励学生在自愿的基础上前往相关学校进行相关学科第二学位的学习；二是主动聘请地方院校的相关专家教授到本校兼职任教；三是派本校教师到相关院校交流取经。

2. 校局合作

中国警察院校应与警察相关实战部门合作，在"一带一路"建设的人才培养模式上，应该加强与边境地区的警察部门和出入境管理部门的合作。通过建立实习基地，让学生到相关部门去实践，让相关实战部门教官到警察院校来授课，提升学生的语言能力和警务水平。

（三）发挥外警培训优势，为涉外警务人才的培养搭建桥梁

目前，在全国 34 所警察院校中，进行外警培训的警察院校有 10 余所，在 10 余所院校中，外警培训主要针对的是"一带一路"沿线国家和地区的警察。以湖北警官学院为例，从 2014 年至今，已经圆满举办 10 期公安部举办的东盟地区及南太平洋岛国中高级执法培训班，对来自缅甸、老挝、柬埔寨、斐济等国家 180 名中高级执法官员进行了有关移民、网络犯罪、跨国犯罪等方面的培训。各警察院校可以以外警培训为桥梁，从以下三个方面入手培养涉外警务人才：一是在日常教学中充当"教学助手"，这既可以帮助学生自己获取相关知识，又可以增强课堂活力；二是在日常生活中充当"生活助手"，这可以帮助学生与外事执法官员间建立起良好的感情基础，提升学生语言沟通能力；三是在日常交流中结成"师徒帮手"，这种对子的结成便于学生与执法官员的长期交流，有利于提升学生外语沟通能力，从而对当地的执法环境、宗教风俗等进行全方位了解，最终有助于警务人才能力的提升。

总而言之，"一带一路"建设对培养涉外警务人才提出了更高

的要求，"一带一路"战略的顺利实施离不开涉外警务人才的保驾护航。我国警察院校在人才培养模式上应立足实际，追求创新，为"一带一路"建设输送高质量涉外警务人才。

湖北警官学院英语（国际警务方向）专业课程设置研究报告

2013 年湖北警官学院开始招收英语（国际警务方向）专业本科生，在制定该专业的培养方案方面我们参考了省内非公安院校英语专业和中国人民公安大学涉外警务专业的课程设置。现就有关调查报告如下：

一、调查方法

1. 通过面谈和问卷调查等方法，调查询问公安大学涉外警务专业的课程设置情况。

2. 通过面谈和问卷调查等方法，调查询问省内非公安类高校英语专业的课程设置情况。

3. 通过课程教学情况反馈，反思本专业的课程设置。

二、调查情况

（一）培养目标和培养规格

湖北警官学院英语（国际警务方向）专业英语侧重于语言类专业，按照"通英语、善侦查、明法律、懂经济"的培养要求，培养熟悉国内外法律，法规；掌握相关的公安业务基础知识，特别是国际警务知识，具备出入境管理、涉外案件处置、国际警务执法合作等方面的专业技能，能在公安机关从事出入境管理、边防检查、国际社区管理、涉外案件查处、维和警务、涉外警务联络等工作以及在相关领域从事教学、科研工作的复合型、应用型外语人才。

中国人民公安大学涉外警务专业的培养目标则是培养适应社会主义和谐社会建设的需要，掌握马克思主义基本原理，政治坚定，具有良好职业素养、科学素养和人文素养，熟悉党和国家的路线、方针、政策，掌握本专业基础理论、基本知识与基本技能，具备开展涉外警务工作的专业核心能力和创新精神，能够从事各级公安机关涉外警务工作以及在其他政法机关从事相关工作的应用型高级专门人才。

湖北警官学院英语（国际警务方向）专业的课程设置是以省内非公安院校外语学院英语专业的培养方案为基础，结合湖北警官学院公安特色，取消了部分英语专业课程，如语音、语法、词汇学、英美文化等课程；缩短了部分课程的课时数，如综合英语、文学、法语；增设了部分国际警务类课程，如跨国犯罪执法合作、涉外案件处置、国际警务、应急警务等，增设的课程不是严格意义上的公安专业基础课程。因此严格来说，湖北警官学院的该专业是语言类专业定位。

中国人民公安大学的涉外警务专业一开始便定位成了公安专业，发放的是法学学士学位，开设的课程多为公安专业相关课程。在对比该专业培养方案 2008 年和 2013 年的版本我们发现，到了 2013 年，该专业的课程设置发生了很大变化，原来的基础英语、英语听力、英语口语、英语写作、警务英语笔译、警务英语口译已经全部被取消，取而代之的是警务英语视听说和警务英语阅读两门课程。从这个变化我们可以看出，中国人民公安大学的涉外警务专业在办学过程中根据实际调整课程，更加突出公安特色，淡化语言专业特色。从表 1 的对比中可以看出，湖北警官学院该专业的培养规格强调的是培养学生的语言能力；而中国人民公安大学涉外警务专业强调的是培养学生的公安工作能力。

表 1　　　　　　　　　　两校培养规格对比表

湖北警官学院	中国人民公安大学
具有扎实的英语语言基础知识，英语语音、语调正确，词法、句法、章法规范，表达得体流畅	具有较强的写作能力、口头表达能力、调查研究能力和分析解决问题的能力

续表

湖北警官学院	中国人民公安大学
英语认知词汇达 10 000~1 2000 字词，且能对 5 000~6 000 常用词流利运用，并掌握足够的警务、经贸、法律英语词汇	
掌握英语语言学、英语对象国家文化及相关人文和科技方面的基础知识；了解英语对象国家的社会和文化以及科学技术的发展；掌握英美文学的基本理论与知识，初步具备英语语言文学领域的研究能力	
掌握英汉互译的基本方法和技能，能较熟练地从事出入境管理、涉外案件处置、国际警务执法合作等方面的笔译和口译	具有计算机操作基本技能，能够熟练进行网上办公、办案
初步掌握第二外国语	熟练运用英语进行工作、交流和阅读本专业的英文文献；掌握第二外国语的基本知识
掌握经济学基础知识和法律基础知识，了解国内、国际法的基本法规和惯例，特别是国际警务的相关专业知识	

续表

湖北警官学院	中国人民公安大学
掌握国际警务知识，具备出入境管理、涉外案件处置、国际警务执法合作等方面的专业技能	胜任公安机关出入境管理、边防检查、国际警务联络与执法合作等工作岗位，具备以下基本业务能力：出入境证照查验；在华外国人管理；涉外案（事）件处置；涉外警务公文起草与处理；出入境管理信息系统的应用；国际警务执法合作
熟悉公安业务流程，掌握必要的侦查措施与侦查手段	
了解我国国情，具有较好的汉语语言基础和表达能力	
掌握文献检索、资料查询及运用现代信息技术获得相关信息的基本方法	掌握文献检索与信息处理的基本方法，具有初步的科学研究能力
具有良好的交际能力、沟通能力、合作能力和人际协调能力	具有较强的沟通协调和群众工作能力

（二）学位授予

湖北警官学院英语（国际警务方向）专业授予学生的是文学

学士学位，而公安大学涉外警务专业授予学生的是法学学士学位。

（三）课程设置

两者课程设置的对比见表 2：

表 2   两校课程设置对比表

课程类型	湖北警官学院		中国人民公安大学	
	共计学时	占总学分比重	共计学时	占总学分比重
公共基础课	587	26.3%	1113（必修） 180（选修）	45.2%
专业基础课	922	41.4%	525	21%
专业课	720	32.3%	263（必修） 420（选修）	33.8%
选修课	共计 532 课时（不含选修）			

对比两者课程设置，可以发现，中国人民公安大学涉外警务专业作为公安专业，开设了大量公安基础课，如公安学概论、公安情报工作概论、刑事诉讼法学等，主干课程包括涉外警务法律制度、涉外案（事）件处置、出入境管理、在华外国人管理、国际警务执法合作、警务英语等。而湖北警官学院英语（国际警务方向）专业是非公安专业，开设的核心课程包括英美文学、高级英语、国际警务（英）、英语论文写作、国际警务文书写作（英）、跨国犯罪执法合作（英）、应急警务英语（英）、涉外案件处置（英）、国际经

济犯罪侦查、侦查学、国际法、国际经济等。

另外，中国人民公安大学该专业的课程设置中，公共基础课和专业课部分都开设了许多选修课程，大多为人文、艺术、外事礼仪、二外等课程，体现了其对提高学生人文素养的重视。

（四）实习

湖北警官学院的非公安专业实习安排在第五学期，主要在省内实习基地进行，而中国人民公安大学的实习安排相对非常细致，主要表现为：实习安排在每学年的 8 月 1 日至 10 月 7 日。其中，每年的具体实习任务如下：

第一学年，认识性见习。学生主要到派出所了解、体验民警工作、生活，熟悉基层公安工作，培养警察职业意识。见习结束后，要求撰写见习总结。

第二学年，综合性见习。学生主要到市、县公安局或城区分局，全面了解公安业务。见习结束后，要求撰写见习报告。

第三学年，专项业务见习。学生主要到市、县公安局或城区分局的相关业务科、队，加深对专业知识的理解，培养发现问题、解决问题的能力。见习结束后，要求撰写见习论文。

（五）师资构成

湖北警官学院担任英语（国际警务方向）专业的教师大部分来自国际警务系，绝大部分是专业外语教师（81.9%），部分师资来自其他系部（13.6）。中国人民公安大学涉外警务专业申办初期，师资也是由外语教师构成（70.8%），部分外语教师转型开始涉外警务方向的学习和研究，目前该专业的教师大部分仍然是语言专业教师，但是法律、管理等其他专业教师比例在不断提高（20.8%）。具体情况见表 3。

表 3   两校师资构成对比表

学校	教师职称比例			所学专业人数比例		
	初级	中级	高级	语言	教育	法律及其他
湖北警官学院	9.09%	50%	40.9%	81.9%%	4.5%	13.6%
中国人民公安大学	8.3%	33.3%	58.3%	70.8%	8.3%	20.8%

湖北警官学院的该专业实质上还是语言专业，所以目前的外语师资数量基本能够满足教学需要，但是整体师资水平需要进一步提高。如果新申办的涉外警务专业获批，会给湖北警官学院该专业的师资力量带来更大的挑战。

（六）教学效果

在英语（国际警务方向）专业三年以来的教学观察中，研究者发现本专业学生对专业的认可度在不断提高，专业能力很快得到加强，具体体现在 2013 级学生参加全国外语专业四级统测的成绩中。

表 4 表明，本专业学生在四级统测中的表现优于全国平均水平，尤其是比同类型二本高校的平均通过率高出 13.85%。另外，本专业学生在 2016 年全国大学生英语竞赛中获得省级一等奖 1 人，二等奖 4 人，三等奖 5 人；已有多名学生获得上海高级口译证书，

十余人已经获得中级口译证书；该专业 2013 级学生中有考研意向
的学生占 50% 左右。数据表明，本专业的教学取得了一定成效。

表 4　　我院英语——国际警务方向专业学生 TEM—4 成绩表

学校类型	2015 年		2016 年	
	平均分	及格率	平均分	及格率
全国平均	58. 20	57. 79%	58. 98	49. 92%
同类二本	55. 35	40. 47%	56. 61	42%
本校	59. 83	54. 32%	65. 56	75%

三、反思

随着公安招录培养体制改革的推进，非公安专业学生在招警考
试中明显处于劣势。湖北警官学院英语（国际警务方向）专业属于
非公安专业，但是学生在毕业意向的多样性方面明显大于其他公安
和非公安专业学生，这种"宽口径"的应用人才的培养是符合社会
发展需求的。

同时，我们也意识到，在目前条件下，在原有英语专业基础之
上申办涉外警务专业也是应对公安院校毕业生走向问题的对策之
一。因此，在参考了中国人民公安大学涉外警务专业培养方案的基
础上，我们开始思考怎样将本校的优势专业与新申办专业相结合。
通过对与中国人民公安大学涉外警务专业相关人员面谈，加上对两
个培养方案的比较，我院在新申办专业的课程设置上有了很大的调

整，具体体现在：

（1）增设公安类基础课。

（2）大量缩减语言类课程，只保留警务英语视听说、阅读和翻译课程。

（3）结合湖北警官学院实际，增开涉外警务法律基础、国际关系与外交概论、公安外国人管理、涉外案件处置、国际警务执法合作、跨国犯罪与执法合作、国际法与国际组织、国际移民概论、边防检查概论等国际警务方向课程，力求体现我院在国际司法合作方面的优势。

通过以上研究，研究者认为，要达到以上目标，在新申办的涉外警务专业的课程设置方面，应该考虑以下几点：

（1）调整课程结构。选修课程可以满足学生广泛的专业兴趣与爱好，给学生个性发展提供选择的自由。因此，调整课程结构主要是增加选修课程的比重和可供学生选择的课程的种类数量，我们必须充分利用一切教育资源。提供给学生足够多的、内容广泛的选修课程，根据自身的实际情况，合理、适度增加选修课程的比例。

（2）增加跨学科课程。涉外警务专业本身就是一个跨学科的专业，因此我们的教学视野不能仅仅局限于治安或者侦查等领域的问题，交叉性、边缘性及跨学科综合领域研究的最新动态和趋势也应是该专业学习和研究的背景材料。涉外警务跨学科取向的加强对现有的课程设置提出了新的要求，一方面要加强基础课程的基础性，以便学生更好地学习跨专业课程。另一方面要加大跨专业课程（如侦查、治安、法律等）设置的比重，同时允许和鼓励学生跨班级、跨年级学习，充分实现优质教育资源的共享。

（3）强化实践课程。首先，在开发课程资源、设置课程的同时，要能够逐渐培育 1~2 门比较成熟的实践类课程，如出入境证件制度与证件鉴定，涉外案件处置等课程，可以通过实际的实践活动，综合训练学生的应用能力。为学生提供及时、直观、全面的学习信息反馈，真正把实践与理论学习相结合，完成"实践——理论——实践"的良性循环。我们应该充分挖掘可能的资源培养学生的实践能力，如要求学生利用假期参与公安实习工作，使学生在公安实践中体验、研究和成长。其次，应该打破旧的封闭性课程实施的束缚，增强教学的开放性。把以往接受知识为主的学习方式转为主动探求知识、重视解决实际问题的学习方式，提高学生综合运用知识的能力和创新能力，增强理论对实践的指导作用。还可以采用案例教学、专题研讨、实地（证）研究等教学方式，提高学生的实践能力。

（4）重视选修课程的开设。目前形势下，公安类大学的教育在某种程度上具有行业特色，其培养目标应着重考虑实用性、素质性、创新性、市场性。要达到这些目标，一方面应注意加强专业教育，另一方面应尽量拓宽学生的知识面以适应当代科学技术和经济发展的趋势。这就需要在开好专业课的同时，适当增加选修课特别是任意选修课的课程数。这其中专业选修课对于增加专业知识的作用是显而易见的。因此，在新的专业培养方案中，要调整选修课门类，多开设人文类素质课程，让学生有更多机会来充实自己，提高综合素质和能力，促进人与环境协调发展，烘托学校人文气氛，体现人文关怀，凝练人文精神，促进学生的全面发展。

警察讯问语料转写过程研究

——以哈罗德·希普曼案①为例②

    侦查讯问是公安等侦查机关为了查明刑事案件的事实真相，收集案件证据，揭露和证实犯罪，依照法律程序，面对面地以言语方式对犯罪嫌疑人进行审问的一种侦查手段。但是，在审讯室中，警察与嫌疑人的对话不应该被看成是孤立的、自成一体的单个事件，而是整个刑事司法过程的一个环节。作为收集犯罪事实信息的第一步，审讯室的讯问对话将成为刑事证据。在刑事司法过程中，根据信息使用者（如审讯员、检察官、律师、法官等）的不同，讯问语料被转写为多种形式，具备多种功能，因此讯问语料在司法过程中至关重要。但是目前，不同受众、不同的语料使用目的、不同的语料形式等对于讯问语料到底具有什么影响，这方面还很少有研究者涉及其中。

---

① 哈罗德·希普曼（Harold Shipman）是一位英国医生，被称为英国历史上杀害人数最多的连环杀手。2000 年，陪审团指控希普曼涉嫌杀害 218 名病患，该案的调查和审判时间长达将近两年，最终他被判处终身监禁，不得获释。2004 年 1 月，希普曼在狱中上吊自杀身亡。

② 《警察讯问语料转写过程研究——以哈罗德·希普曼案为例》发表于 2016 年 9 月《法制博览》第 9 期。

一、讯问语料转写的过程

由于人们对口头语篇产生的基本原则、口语和书面语的区别以及语境和受众对互动的影响等缺乏理解，在某种程度上来说，在整个刑事司法过程中，审讯室中的互动和审讯材料的最终处理都会被（无意地）"歪曲"和"误读"。

与物证保存的严格规范截然不同的是，从审讯室到法庭的过程中，讯问语料的形式发生了显著变化。我们首先要想在法庭审讯时对笔录内容的精确度进行如此仔细的审查到底有没有必要。从英国哈罗德·希普曼一案的审理来看，审讯内容由审讯室到法庭过程中经历了格式上的多次变化，具体体现如下：原始的口语互动被录制成音频，音频内容随后被转写成笔录，法庭审判是笔录被口头宣读出来。

审讯室中的谈话是原始语料，这些语料以音频形式保存在录音带上。即使是在这个初始阶段，审讯语料已经发生了改变，因为听录音与在现场亲历审讯是不一样的，我们会缺失所有的语境信息和提示。另外，录音的质量往往也是不尽如人意。

然后，录音被转写为询问笔录，也就是说，录音被转写成了书面语。这是讯问语料发生最重大变化的阶段。但是目前在司法系统中尚且没有承认该过程会造成讯问语料的形式转换。相反，从这阶段开始，录音直接被笔录内容所取代。这些语料被当做控告证据呈上法庭。通常情况下，在法庭上警方目击证人和公诉人往往是朗读笔录内容而不是播放原始的审讯录音带。

更重要的是法庭审理程序中审理笔记的制作。在本案例的法庭审理过程中，警察笔录被当堂宣读出来，之后又被法庭书记员转写成另一种版本。书记员的记录依赖于自己当庭听到的内容，而不是警方的笔录，由此，讯问内容又发生了进一步变化。

警察与嫌疑人在审讯室中的对话不是孤立的、自成一体的单个事件，而是整个刑事司法过程的一个环节，讯问内容将成为刑事证据。在刑事司法过程中，运用该证据的人包括审讯员、检察官、律师、法官等，因此该内容未来的受众在一定程度上会影响讯问的话语。当警察讯问话语经过转写成数据后，呈现给未来的受众。我们需要考虑这些未来的受众会怎样利用、出于何种目的利用这些讯问数据以及这对讯问本身的影响。由于讯问数据分析的基础很大部分取决于受众的定位，我们将根据不同受众的身份和目的以及他们与讯问参与者之间的关系进行分析。

谈话对象会影响谈话内容。Sacks，Schegloff 和 Jefferson（1974）将"recipient 设计"定义为"描述会话式互动的最一般的原则"。这是我们根据沟通对象调节话语内容的一个基本的、直观的交际行为。我们还根据交流发起方和接收方各自的目的而调整交流信息。

举个简单的例子，面对"今天在学校过得怎么样？"这样的问题，一位十几岁的女生的回答会根据问话人身份的不同而不同。比如说女孩的爸爸和她的朋友提出这个问题的原因各不相同，因此女孩会利用自己作为受话者的知识、与发话者的关系来相应调整自己的回答。如果两个发话者分别讯问她这个问题，那么答案会很直接。但是，如果女孩的爸爸和朋友同时在场时，她的回答很可能会发生变化。她需要调整自己的回答，以满足两种受众的需求，结果她的回答可能是一种折中，不能满足两种问话者中任何一方的需求，但是她在学校的经历这个事实是没有变化的。

警察讯问语境下的问题是，讯问内容的受话者有多种，各自的目的不同，比如初审的警察、法庭上最终决定受审人员命运的人员。另外，绝大部分受众都是"隐藏"起来的，都没有出现在原始语境中。他们的目的各不相同，对讯问数据的使用具有重大意义。我们运用了 Bell（1984）提出的模式——受众设计来分析警察讯问中参与者怎样协调这些受众问题和目的性。我们会发现，这种受众配置的语境下，会话互动实际上向会话参与者展示出了独特的话语困境。

Bell（1984）提出"受众设计"是决定说话者语体风格的最重要的因素。他强调说话人的语体变异在很大程度上取决于说话人对听话人的态度，即说话人选择向听话人靠拢的语体。Bell 认为，影响说话者语体变异的不仅有直接受访者，也有第三者，包括在场听众和无意听到谈话的人。实际上，决定说话者语体变异的并不一定是受访者或在场听众，还可以是不在场而仅存在于说话者头脑中的一个参照者，即说话者想要与之认同身份的个体或群体。Bell 因此提出了言语环境下的人物与角色这个概念，见图1。

如果把这个框架运用到警察讯问话语的语境中，那么说话人有（至少）两个，即讯问人和被讯问人；受众包含众多人物：如在讯问现场的人（如相关法定代理人）、其他警察、检控和辩护律师以及法庭上的法官等。

下面是警察讯问强奸案嫌疑人的一段语料：

讯问警员：［okay］（.）So,（.）you're saying on to this morning what happened this morning.（.）We're talking about（.）Saturday the Xth of January. What's happened?

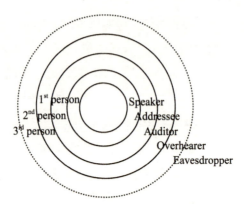

图 1 Bell（1984）言语情景中的人物与角色

（注：speaker：说话人；Addressee：受话人；Auditor：旁
听者；Overhearer：无意旁听者；Eavesdropper：偷听者）

此处中的警察提到的时间 "this morning"（今天早上）在讯问的当时当场是完全可以充分表达它的意思的。但是这个指示词 "this" 也只有在这个具体话语框架下才有意义。警员有意识地添加了另外的时间指示 "Saturday"（星期六）。如果这段对话要说给话语框架以外的人听，那么加上 "Saturday" 一词就很有必要了。以上话语表明，该警员的话语不只是说给在场的人听，也是说给将来的听众们听，因此具有证据价值。

同样，如果询问警员这样问嫌疑人："［okay］just describe yourself for me. what sort of build are you and size"，显然警员不需要一个就坐在他面前的嫌疑人用言语描述本身的身高体重，因为他能看得出大概，但是这种信息对于不在当场的受众来说是必要信息。然而警员对讯问人员说的是 "for me"（为我）描述你自己的身高体重，这样让被讯问人认为自己就是警员话语的直接受话者。

二、讯问语料转写中存在的问题

讯问语料的转写整个过程本身就是有问题的。首先，人们很难判定录音的质量和精确性；其次，怎样用书面语来转述口头用语，本身就是个问题；再者，由于很少有录音带的内容被全部转写为书面语，那么就存在着笔录文字的编辑取舍问题；最后，法庭上，笔录又被转换为口头用语，而这时的口头语言与审讯室的原始对话又有了出入。另外，在录音形式下，讯问会话的内容和意义（尤其是一些问题特征，如指示词）会有一定程度的流失。

另外，录音誊写员本身也是一个重要因素。英国警方在这方面没有一个标准性的全国通用模式，语料的转写完全是掌握在誊写员个人手里。一般而言，录音的转写往往就是由审讯警员来完成，他们对笔录内容的影响之大本身就值得考虑，很少有警局聘用平民誊写员来完成这项工作。

（一）录音的清晰度问题

讯问经过的录音必须是公开的（而不是暗中监视录像），这意味着录音质量应该不存在质量问题。讯问环境一般是安静的受控环境，录音设备显眼地摆放在对话双方之间，双方都清楚对话会被录音，他们的表达必须清楚、大声。但是问题还是会出现，有时录音的一些部分完全听不到或者不清晰。鉴于现代先进的数字录音技术，出现这种问题是令人难以接受的。

然而，即使是质量再好的录音，也无法被"完美"地转写。Frazer（2003）罗列了几个人类言语和言语感知影响我们转写语料的方面。她认为转写语料的固有难点在于"怎样判断感知的准确性，怎样质疑以及在感知不准确时注意纠正……这些都是准确转写的必要步骤。可问题是，录音转写不同于我们平常的交流场景，这里没有有意义的场景，说话人也不在现场，不能纠正语误。我们从真实语境中被抽离了出来。"她还警示说即使是较高质量的录音，"也只是'足够'准确，而不是百分之百的准确"。

录音中会有数不清的值得质疑的地方，但是只有极少数警员在誊写笔录时会表明"听不清"或"不清晰"。誊写员面对这些不确定因素时往往会凭直觉猜测。正如 Frazer（2003）所言，我们可能不会认识到，我们的听力感知不是那么准确，尤其是当我们期望听到某种信息时。Frazer 将这种现象叫做"感知者未被承认的角色"，这种角色就是"我们将语言信号与我们头脑中的已有知识相结合，对听到的信息进行构建时扮演的角色"。

Coulthard 和 Johnson（2007）曾描述了这样一个例子。一个谋杀案的嫌疑人带有浓重的西印度口音，在他的审讯录音文字稿中，誊写员记下了这样的字眼 "got on a train"，然后 "shot a man to kill"；而事实上他说的是 "showed a man ticket"。

因此即使在一些没有争议的录音中，誊写员将他们自己的理解加入到了对原始材料的解读。随着录音质量的下降，这种主观解读的分量就越大。问题是那些最终阅读转写笔录的人对这种"篡改证据"毫无所知，除非他们亲自听取录音原件，但事实上笔录一旦制作完成，很少有人再去听取录音。这时候"口供污染"就发生了。

（二）转写：从口头语到书面语

除了录音的清晰度等原因，口头语转写为书面语的过程本身问题重重。Gibbons 认为，"根本的问题是言语和书写是两种不同的媒介，具有不同的特性"（2003，28）。Walker 本身就是一名法庭书记员，她基于自身经验，认为转写过程中"书面语区别于言语之处，最重要的就在于书面语无法体现出说话人表达自己意思的那些副语言和非语言信号"。她提出，副语言因素包括"语调、气息、强调处、音高、拉长的语调等"，非语言因素包括"眉头高耸、双臂张开、点头，冷笑和微笑等"，这些因素本身可以传达他们的意思，或者改变随之说出的话的意思。她还指出，"书面语是单维度的，话语里富含意义的这些语境要素无法通过拼写表达出来……因此有时某个至关重要的交流要素在书面语中无法体现出来。"

警察讯问语境下的誊写员与法庭书记员不同，他们在审讯时并不在场，因此非语言因素表达的意思在转写时已经丢失。而副语言因素完全取决于誊写员的描述，这种情况也是极少。正如 Gibbons 所言，在书面语中将这些特征进行视觉重现会使人很难读懂笔录内容。他认为这是"转写中无法调和的相互矛盾的两个标准，"即"可读性"和"准确性"标准。他肯定了"在同一个版本中同时满足这两大标准是不可能的。

Gibbons 和 Walker 还发现了另一个问题，即人们倾向于在书面语中"修正"口语的一些特征。这些特征包括"错误的话语开头"、"修正"、"反复"、"重叠"、"打断"等，尽管这些特征在口语中非常存在，但是在书面转写中往往都会被忽略。类似的还有，口语中"不完整"的句子结构往往在转写时被补充"完整"了。这种行动虽然在增加笔录的可读性上起到了作用，但是事实上从语言学家的角度来说，这些特征具有重要意义，因为它们口语揭示出很多与说话人有关的重要信息。即使是从非专业的角度来看，折叠特征揭示了说话人的某些性格特征。比如，一个总是插话想要说服别人的人，和一个说话很平静很犹豫的人，给我们的印象是完全不同的。当然我们的印象也可能是完全错误的。但是，旁观者至少应该能够基于会话双方的实际行为来作出自己的判断。经过书记员的编辑艺术修改后——语法错误得以改正，错误的话语开头被去除，句法被重新整理，这样的笔录毫无疑问比逐字逐句地记录更具有可读性。当然在大部分情况下，以上描述的这种修改对审讯结果不会产生太大影响。但是这并不意味着我们就应该轻易地认同这种对原始材料的修改，使之成为在法庭上对被告不利的证据。

以下希普曼审判的例子就体现了以上讨论的两个问题——保持准确度之难（尤其是誊写员在转写自己不熟悉的主题材料时）、书面语言习惯与口头审讯材料的冲突。以下节选是法庭审讯的一部分，讯问材料被呈堂作为证据，该材料内容被当堂宣读。

警方证人（讯问人员）：But there's no mention in that entry which you claim to be for that date about taking a blood sample from her once again. I can see what you are pointing at. HP.

检察官：Pause. I think the punctuation is a little adrift here, isn't it? "But there's no mention in that entry, which you claim to be for that date, about taking a blood sample, from her. Once again I can see what you are pointing at. HP, ESR. It doesn't actually say you have taken a blood sample from her." Sorry, I am being told something.

法官：I am not sure that the punctuation you have inserted is necessarily correct.

检察官：No.

被告：I think there is also a typing error too，because...

法官：Is there? Yes.

检察官：There is. It has got 'HP' and it ought to be 'HB'.

法国：H...

检察官：B.

法官：Yes.

被告律师：It's not the custom of most general practitioners to write："I have taken a blood sample which would consist of this，this and this. Most general practitioners just write down what the blood test is that they are doing.

首先我们应该承认，该节选来自官方的法庭记录，本身就包含了书记员自身的理解，因此，记录中的标点符号也是书记员的理解，但是基本观点还是明确的。警方证人按部就班宣读正式的审讯笔录的意图后来走偏了，可能是因为审讯誊写员的标点符号问题，也可能是他自己在朗读时的语调问题。检察官意识到了这点，于是自己试图再读一遍，但是法官打断了他，显然是因为他对怎样朗读笔录有自己的观点。现在问题的症结就是"标点符号"——纯粹是书面语的特征——而不是语调和重读的问题。在这里没有谈到这些词句到底该怎样读，也说明所有相关人员都只是把讯问记录当成是一个书面文件，而口头语版本早就被遗忘了。

另外，我们还注意到 HB 被错当成 HP，这是案件中希普曼的病人记录中的一个缩写。这也许不算是大问题，但是被告律师觉得还是有必要纠正，因此造成了进一步的打断。我们应该清楚：以上审判过程的目的是将讯问语料作为证据呈交给法庭，但是该法庭内的实际交谈却完全掩盖了实际的讯问内容。

另外，这场对话中还有很重要的一点，但是在这场混乱中几乎没有被人注意到：希普曼轻松地回避了提问。他经常使用的一个策略就是表现得很合作但事实上却利用各种回避策略回答警方的质问。在该对话中，他只谈到通常的医疗操作办法，而不是自己是怎么操作的。由于审讯笔录造成的问题，在两轮会话中的各种混乱中，希普曼的这一细微特征行为完全被忽视了。

（三）文字编辑：录音带的记录

除了上述小规模的改变，绝大部分讯问都会经历更加大规模的编辑过程。一般来说，讯问笔录跟讯问总结差不多，只是全面转写了讯问的一部分内容。只有一些非常重大的案件才会对整个讯问过程的录音进行转写。这对原始的讯问语料又是一次极其重大的改变，尤其是整个被重新编辑后的版本会成为呈堂证供。但是这个编辑过程完全委托给了誊写员，誊写员必须利用自己的判断力来决定哪些内容是相关或重要的内容。事实上在英国，这么重要的任务完全托付给了未受过培训的业余警局雇员，这是录音语料转换成文字语料时人员产生偏差的原因之一。

（四）呈上法庭：书面语——口头语

严格来说，呈上法庭的讯问语料是真正的证据，这个证据应该是讯问录音带，而不是讯问笔录。但是，笔录往往被当成了原始证据的"副本"。事实上在具体操作时在法庭上很少会播放原始审讯的录音带，而人们往往选择通过笔录来了解审讯室的情况。而且，在法庭上我们不是呈上笔录文本，而是当堂口头宣读其内容。换而言之，警方证人扮演讯问警员，当堂大声念出笔录内容，更有甚者，检察官往往扮演的是被告的角色，宣读被告人的供词。这样一来，法庭审讯的各方可以根据自己的期望去解读讯问材料，比如着重强调、放缓语速、改变语调等。毫无疑问，这会极大地改变说话人原有的意思和目的。副语言和语言外的这些特征在转写阶段已经被去除，而现在又重新回归到讯问材料中，只是此时已经不再是当初说话人要表现的那些特征了，而是检察官和警方证人（也许还不是讯问时的警察）要表达的特征。即使说话人是怀有善意的，以起诉人的身份发言，对这些语料的操作利用（如确定某项罪名）仍然不可避免。

但是，在法庭看来，不同媒介使用的是同样的字眼，因此其代表的信息也应该是相同的。在接下来的陈词中，法官和陪审团都会看到这些问话的文稿。这一点被看做是确保讯问证据的一种形式，因为他们能看到"讯问话语的实际字眼"，并且对这些字词的正确音调和寓意作出自己的理解。但是，我认为，任何对文本的后续阅读都深受其亲耳听过的版本的影响（将正式的笔录当成是讯问原话，这本身就是问题重重的。）

同样，随后将书面记录又转换成口头语，这也是很主观的一种解读、猜测，是不准确的。以下例子就是证明：

警方证人（讯问警察）：We asked you earlier about the will and you say you have no knowledge of that. Correct?

被告律师：That was correct.

警方证人（讯问警察）："But I think you said something else that wasn't, well, wasn't quite that answer, 'I've no knowledge of it, ' so I'd like you to explain the 'but'... "

检察官：Now can we just try that again because the meaning of it may have been lost. The "I've no knowledge of it but..." is a quotation. So can you just read it again, please?

警方证人（讯问警察）："But I think you said something else that wasn't, well, wasn't quite that answer. 'I've no knowledge of it but...' I'd like you to explain the 'but'. "

检察官：Please continue.

我们必须注意到，以上是法庭书记员记录的版本，当然与当时法庭陪审团的经历是完全不一样的，但是其中语言的凌乱和意义流失是显而易见的。

这里的问题主要出现在两方面。首先，检察官插话是因为警方证人的在引述话语时语调不当。其次，警方证人省略了关键的一个词语"but"，这个词原来是 Shipman 说出的原话，也是询问警察应该关注的重点所在。这些阅读错误加在一起使得交谈内容毫无意义，而检察官不得不回过头来纠正错误以求解读讯问的证据链。如此错误导致了在盘问的过程中出现了这样荒谬的场景：检察官不断引用警方证人对嫌疑人询问笔录的引用。因此，即便陪审团手头有这样的笔录，他们对法庭上的如此交流也会完全理解无能，这肯定不是有效呈现证据的方法。

三、总　结

如果将讯问语料经历的各个阶段综合在一起，我们可以清楚地了解到这些数据在刑事司法程序各个阶段的不同形式。图 2 中的实线表示各个阶段中讯问语料的主要格式，虚线表示次要格式。

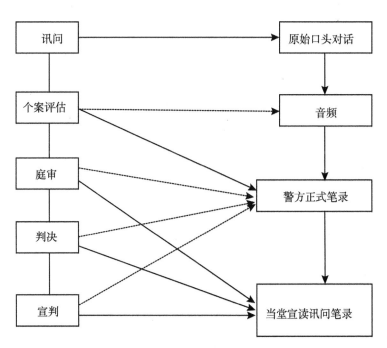

图 2　讯问语料在刑事司法程序各个阶段的格式变化

从以上分析我们发现，讯问语料从最初的口头语言被逐步转化成呈堂证据，其经历了一系列格式的转换。讯问阶段，语料以口头对话形式出现，在个案评估阶段，主要以警方的笔录为依据，偶尔会参考讯问录音；在庭审、判决和宣判阶段，主要依据的都是法庭上宣读的询问笔录，偶尔会参考警方的笔录文件。在日常的实践中，人们很容易地认为这种转变不会给司法公正带来干扰。但是研究者认为，所有证据都必须尽量保持其原始性，至少，目前这一原则在哈罗德·希普曼案件的审判中没有得到实现。

无间地狱中的"泣儿"

——浅谈香港卧底电影中的警察身份认同①

一、引　　语

目前的电影电视市场中，人们似乎对卧底、谍战电影、电视剧情有独钟。尤其是一些香港的卧底片，如早期的《龙虎风云》到后来的《无间道》和《变节》等，往往一上映就受到观众热捧。"卧底"是香港电影的一个主要题材，这些影片在很大程度上体现了现代香港人的身份认同观念。

"卧底"在英语中有很多的表达方法，如"secret agent"，"planted agent/spy"，"agent provocateur"等，卧底往往是生活在灰色阴影下的一个特殊人群，他们有着特殊的双重身份，过着一种冒险又煎熬的生活。对于卧底们来说，他们有着多重身份，需要时刻

---

①　《无间地狱的弃儿——浅谈香港卧底电影中的警察身份认同》发表于2016年9月《产业与科技》第15卷第18期。

在这些身份之间转换，但是随着长时间的这种生活，这种身份的界限可能会逐渐模糊，会让他们有着"我是何人?""我又是谁?"的疑问。香港岭南大学的罗永生教授曾表示，卧底的悲剧就是一个有关记忆和身份暴力的故事。

二、人格理论与身份认同

从弗洛伊德的心理学角度看来，人格分为本我（id）、自我（ego）和超我（superego）。其中最原始部分是本我，包括饥、渴、性等人类的基本需求。一旦有了这些需求，就要求立即得到满足。因此可以说本我主宰了人的享乐行为；而介于本我和超我之间的自我，能缓冲和调节两者的关系。当本我的需求不能在现实中立即被满足，它就必须根据现实的限制进行调整，学习如何在现实中获得需求的满足。可以说，现实对自我具有支配作用，而超我在人格结构中处于最高地位，是个体接受社会文化道德规范的教养的产物。超我又分为自我理想（即要求自己行为符合自己理想的标准）和良心（即规定自己行为免于犯错的限制）。因此，超我始终维护着道德、伦理等范畴，使个体处于一种理想主义状态中。这三者的能量转换会带来不同的结果。比如，超我占主导地位时，个人的行为就很有道德；如果自我占据上风，个人的行为就显得很现实；本我一旦起主导作用，那么个人的行为就变得很冲动。本节将根据上述对人格结构理论的理解，以《龙虎风云》和《无间道》中的卧底警察为例，解读卧底的自我身份的探寻过程。

高秋是《龙虎风云》中的卧底警察，作为一名资深卧底，他出场时却坚决要求回归警察身份，因为自己不能忍受"出卖"黑帮朋友的痛苦。在他看来，回归正常的警察身份才能让自己过上温馨宁静的生活。长期的黑道生活，使高秋的情感发生了变化。他的身上集中体现了本我、自我与超我的矛盾冲突。他潜意识的本我是想要无拘无束地生活，对兄弟讲义气，可是现实却是他必须牢记自己警察的身份，而这种身份使得高秋的自我面对本我以及现实环境做出了迁就。因此我们看到的高秋仍然积极地执行上级的任务，哪怕不惜为了完成任务而受到女朋友的误会。显然这是他的超我人格发生了作用，在警察的理想和良心的干预下，他能够成为一名优秀的卧底，协助警队将劫匪一网打尽。纵观高秋的种种表现，他的超我起到了巨大的作用。然而，我们在电影中，也能够明显地看到他的本我、自我和超我之间有着强烈的冲突。当本我的江湖义气开始与超我的职责使命发生冲突，高秋的自我认同感开始发生动摇。这种"忠""义"的冲突也是本我和超我的冲突。长期卧底的生活已经使高秋的言行变得很像古惑仔，他会在酒吧里为女人争风吃醋而大打出手。他的表现也赢得了匪徒阿虎的信任，两人之间产生了兄弟义气。到最后，高秋在警匪枪战中选择向警察开枪并且舍身护友，被警察包围时还想放阿虎逃走，这些都反映出高秋的超我力量已经逐渐减弱，自我在"快乐原则"指导下，做出了反超我的事情。高秋的身份出现混乱后，忠奸善恶、是非黑白的界限也逐渐被模糊化了。

电影《无间道》一开始，就在片头打出字幕："《涅槃经》第十九卷：'八大地狱之最，称为无间地狱，为无间断遭受大苦之意，故有此名。'"这个典故在阐释主题的同时暗示了卧底们在现实中所遭受的煎熬。该电影的经典之处在于其双重卧底的故事范本，警方与黑帮互派卧底，致使双方间你中有我，我中有你，故事情节更加紧张刺激，《无间道》系列的成功之处也在于此。和《龙虎风云》的兄弟情相比，《无间道》不仅故事情节更加跌宕起伏，而且将这种紧张体验上升到对卧底身份的思考。在影片中，卧底的范围被扩大，不光指卧底警察，还包括打入警方内部的黑帮成员。这样传统意义上的警察和黑帮的分辨变得错综复杂，"卧底"一词成为了广泛意义上的"多重身份"，而不再是卧底侦查警察的代名词了。

影片中卧底警察陈永仁和卧底匪徒刘健明的警匪身份是势不两立的，但同时都受着同样的身份煎熬，反映了他们在充当卧底过程中人格的矛盾斗争以及心理变化。刘健明本是香港黑帮成员，听从老大韩琛安排，加入了香港警察，做黑社会卧底，在韩琛的帮助下，一路高升。陈永仁本来想当个好警察，但被警察训练学校强行退学，秘密执行渗透进黑帮做卧底，获得了老大韩琛的信任。在电影中，两人最大的愿望都是离开这个是非颠倒的处境，离开无间地狱，寻回自己。陈永仁自始至终都没有忘记自己警察的身份，在他的整个卧底过程当中，超我发挥了巨大的作用。在这种良心和理想原则的作用下，他屡屡帮助警方破案。但是我们也不能忽视他始终想结束卧底，恢复警察身份的迫切愿望。但是在超我和本我的斗争中，超我占了上风，支配了他的行为。虽然他迫切想恢复自己警察的身份，但是由于唯一知道实情的上司被黑帮杀害，他的真实身份难以得到证明，最后他自己也被隐藏在警队内部的黑帮卧底杀死。更可悲的是，他死后也只能被定义成一个被击毙的黑帮分子。

而刘健明的身份探寻则是经历了一系列"认同——怀疑——否定——认同"的过程。从刘健明对卧底身份认同的阶段来看，刚开始在警队当卧底时，他的本我占主导地位，因而"当好卧底，将警队的情报报告给老大"的想法支配着他自己的行动，使得他协助以韩琛为首的犯罪集团逃脱了多次警察的调查及搜捕。然而，刘健明对自己的卧底身份产生了怀疑，本我渐渐丧失了主导地位，但又不是完全处于被动地位，因而勉勉强强可以支撑他的卧底行为。但是，由于自我的势力增长，他的举动开始变得现实、私利。特别是当他在警队的职务越来越高，他逐渐产生了对自己黑帮身份的否定，并且开始认同自己警察的身份。然而警匪的纷争又使他人格中的本我和自我产生了强烈的冲突，迫使他不断地对自我进行调整。他用尽一切办法想保住自己警察的身份，甚至不惜杀掉自己的老大以及警队其他黑社会卧底。可是在陈永仁死后，他并没有摆脱身份危机。由于在调节本我与现实的过程中无法释放心理压力，他倒在了自己面前——他最终人格分裂，暴露了自己，也终结了他炼狱般的生活。

当然，对于人物身份的探寻不能脱离外部环境因素的影响。"身份认同"是自我被社会化的部分，对于有认同的人来说，只有在被他人所认可的情况下，这种"身份认同"才是真实的。所以，我们在关注卧底角色进行自我身份探索的同时，也应该去关注外部对于他们身份探索的影响。在影片《龙虎风云》中，对高秋身份探寻最有影响的是光叔这个角色。他认为，高秋在身份上的迷失，完全是因为没有摆正义气与职责的后果。但是高秋一心只想结束卧底并且恢复警察身份，这其实是他在身份认同中挣扎的体现，他的悲剧与"光叔们"的一味强调"职责正义"不无关系。卧底们的身份，成就于这些警察上线，也毁于他们的情感漠视，最终把卧底逼上绝境。经常观看卧底影片的观众也会关注到这样一个问题：到底是什么造成了卧底警察的悲剧，导致他们始终在无间地狱挣扎？

"高秋们"有可能走出迷失吗？

三、卧底警察侦查方式涉及的法律问题和争议

在影片中，卧底警察的生活确实充满了刺激和压力，往往被描述成英雄，他们为重大案件的侦破，打击有组织犯罪作出了杰出的贡献。卧底们游走在正邪边缘，工作的两面性以及犯罪的暴力性使他们的生活显得更为苦闷，犹如片名所影射的，他们如同生活在无间地狱。这种地狱式的生活，用 Band & Sheehan（1999）的话来说，具体表现在：缺乏管理、个人问题、与嫌疑犯之间的人际关系、纵容嫌犯及渎职、被识破的恐惧、技巧的困难度、机关整合、欠缺恢复期、缺乏背景（context）、无法适应等方面的压力。具体而言，从我国国内法律规定角度，卧底警察可能涉及的法律及道德问题有如下几方面：

卧底侦查就像一般犯罪侦查需要有法律充分的规范及授权，并且针对特殊且重大犯罪的明确目标，更需要得到检察官的同意。因为卧底侦查是最后的手段，所以必须做更明确的规范及法律依据。法律具有保障人权与保护合法权益的功能。法律对卧底警察来说也起着举足轻重的作用。如果没有具体明确的法律依据，卧底措施就不能任意使用。公共权力的行使应当受到更多的法律的制约，方能使公众受到更多的法律保障。在法制社会，特别是罪刑法定的原则之下，卧底侦查行为的行使必须有法律的特别授权作为基础。其手段的内容、目的及其范围必须具体明确，从而使得卧底侦查措施具有可测量性、可预见性、可信赖性，从而保护公众以免受到卧底侦

查措施的侵害。

在西方国家，无论是英美法系，还是大陆法系，都通过了一系列完善的"卧底立法"的规定。例如德国的《刑事诉讼法》第110条 a 至 110 条 e 的规定，建立起了完善的卧底侦查制度，堪称典范。法国的《刑事诉讼法》和美国的《洗钱控制法》都有类似规定。遗憾的是，这样一种颇为有效的侦察方式，在我国依然游荡于法律的边缘。虽然我国刑事诉讼法从第89条至123条对公安机关的侦查措施作出了明确的规定，但从其规定看来并没有关于卧底警察侦查措施的存在，对于卧底侦查我国其他法律法规中也无专门的规定。仅可根据我国公安部2002年制定的《刑事特情侦查工作细则》的规定适用。根据该《细则》的规定，卧底侦查作为特情侦查的变种，其审查批准、实施及指挥皆由公安机关独立主管领导，且规定过于原则，司法适用时有难度。因此，从目前情况来看，我国刑事诉讼法并不是卧底警察侦查方式存在的法律基础。另外，《中华人民共和国警察法》第6条第1款规定公安机关的人民警察职责是预防、制止和侦查违法犯罪活动。此款明确规定了警察预防犯罪的任务，也就是说警察在追查犯罪前，应该利用一切有利的措施、运用一切资源活动，以便及早知悉犯罪状况以此来预防打击犯罪。为了预防犯罪，警察将追查犯罪的活动在时间上向前推移，以防患于未然。预防犯罪成为警察的任务是时势所趋，为完成这个任务，卧底警察侦查措施应运而生。因此我国警察法规定的预防犯罪的任务似乎成为了卧底警察侦查存在的法律基础，但尚需细化。因此，填补法律空白，明确授权卧底侦查的合法性，是我们的当务之急。

卧底警探使用化名进入犯罪组织后，针对特定及合理怀疑的对象，进行各项监视及搜集资料。卧底警探针对公共场所的监视及侦查对象公开谈话的监听等侦查手段被看做是没有法律依据或违法的行为，但对于侵犯隐私权及其他的搜索扣押则必须有法院准许书状，如果未获法官同意，依"证据排除法则"及"毒树毒果理论"，所获得的证据不具证据能力。美国宪法增修条文第4条规定："人民有保护其人身、住所、文件与财产之权，不受无理拘捕、搜索与扣押，并不得非法侵犯，除有正当理由，经宣示或代誓宣言，并详载搜索之地点、拘捕或搜押之人或物外，不得颁发搜索票、拘票或扣押状。"我国《刑事诉讼法》第43条规定："审判人员、检察人员、侦查人员必须依照法定程序，收集能够证实犯罪嫌疑人、被告人有罪或者无罪、犯罪情节轻重的各种证据。严禁刑讯逼供和以威胁、引诱、欺骗以及其他非法的方法搜集证据。"另外，《刑事诉讼法》第45条、第66条、第140条、第150条、第157条都作了明确的规定，证据在追究犯罪人刑事责任程序中承担着核心作用，犯罪事实与证据之间有着密不可分的关系。卧底必须由警察机关主动提出，检察官或者法官只能做被动的审查，表示同意或者不同意，没有经过检察官或者法官的同意而卧底所获得的证据，形同违法取得的证据，没有证据能力。卧底警探进入私人住宅、搜索、扣押或监察等尚未依法呈报同意并核发许可书状，所获之证据均不具证据能力。但是卧底过程随时可能出现证据力极强的事证，如何以繁冗的司法程序来面对稍纵即逝的破案契机？卧底警探的主要任务就是搜集完整情报及证据，一举歼灭犯罪组织，卧底警探究竟应谨守法律规范及程序，还是迅速完整地搜集罪证？法定程序重要还是破案的实质正义重要？

侦察机关在侦查工作中遭遇责难的主要原因在于取证手段的非

法性上。卧底警探本身仍是刑事法律所规范的客体，未因卧底而具备刑事豁免权，更重要的是卧底人员虽以化名转换身份，但是他们保留了执法人员的身份，更应谨守执法的天职。然而卧底警探进入帮派或犯罪组织后，为迅速搜集情报及证据、取信犯罪成员等，可能与犯罪发生不同程度的关系，如诱使他人犯罪并加以逮捕，亦即"陷害教唆"；卧底警探自己实施犯罪行为以便被犯罪团体所信赖；卧底警探对于他人（主要是帮派成员）正在实施的犯罪坐视不管等。卧底警探所涉及的犯罪行为哪些罪行会被起诉，是否有罪？哪些犯罪行为在不得已的情形之下，是可以容忍的？这都是必须理清的。

　　陷害教唆是卧底警察自身犯罪行为的一个方面。陷害教唆是以诱人犯罪的意思，对于一个无犯罪意图的人，经由明示或默示的意思表示，引起被教唆者的犯罪意图。卧底警察可能涉及的陷害教唆可以表现为：诱使他人从事未遂的犯罪行为，并且在着手之际加以逮捕。如诱使窃车集团进行窃车行为，并在窃盗之际，安排警察加以逮捕；诱使他人犯罪既遂，但在犯罪成果尚未确保前加以逮捕。如诱使窃车集团窃车后，继续跟踪，在其销赃之前将其逮捕；唆使犯罪既遂而且完成。如卧底警探伪装毒品买主与卖方接洽，在交易完成后，即安排警察将其逮捕。另外，卧底警探在卧底过程中，为取信同伙或监察需要而从事犯罪，可能自陷犯罪的罪行有：无故侵入住宅；违反毒品危害防制条例；窃盗行为；纵放人犯、图利他人；杀人及伤害行为等。运用卧底警察虽然功效巨大，有力打击了犯罪，却不可避免地侵犯了另外一些法益。当两种正当价值发生冲突时，如何权衡与选择，显然是摆在所有人面前不得不做的艰难抉择。卧底警察自身犯罪行为的另一个方面是他们不作为的争议。警察仍具公务员资格，对于许多情形仍具备保证人地位，遇有该等事情而不作为即成为不纯正不作为犯罪，然而卧底警探如何履行保证人的义务？

从以上卧底警探可能面临陷害教唆、自陷犯罪和不作为的境地，可以看出卧底警探因不具有故意犯罪的意图，且所教唆及参与的犯罪行为都在其掌握或其他警察掌握监控之下，没有产生损害。但部分图利、纵放人犯等罪或者不作为应视实际情形来衡量法益，必须审慎考虑破案价值与所侵法益孰轻孰重，卧底警探是否从事犯罪，是一个很沉重的抉择，更是一个道德上的争议，更可能使卧底们身陷囹圄。所以，在法律容许的范围内，卧底应该如何去做？因此从法律规制的角度而言，必须明确卧底警察在执行任务时违法侦查的责任原则，严禁实施陷害教唆和非法取证的不正行为，同时有必要对警察的基本原则随时代变迁作出少许修正，以适应现代社会犯罪形态日益复杂化的局面。

四、卧底警察的人格身份冲突

卧底警探因侦查犯罪的需要必须使用化名改变身份，甚至假借重大违反风纪事件离职，如少年的陈永仁被借故开除出警队，以取信犯罪成员，在卧底的过程中还必须扭曲人格，周旋于犯罪团体之中，获取信赖。这个过程随时充满危险，孤立无援，甚至危及家人及亲友的安全。这种人格扭曲的冲击及自陷四面楚歌的险境，虽然不至于到侵害卧底的人格权或人性尊严的程度，但也在卧底警探内心激起复杂的思绪及矛盾，国家赋予了民众保障人格权的权利，卧底警探却自己破坏自己的人格权,更何况利用假借重大违纪以取信之举,已经严重伤害了本人的姓名权及名誉权,甚至伤害家人的感情及名誉,无法获得亲友及周遭的谅解,卧底期间参与帮派及犯罪组织的负面新闻报道,更是一大伤害。

再者卧底生活结束之后,他们虽有适当的生活安排,但人格扭曲之后的复原有谁关心?复原期间的各项需求及心理辅导有谁能协助?更何况为确保安全而改变身份重新生活,又是另一个问题。另外出庭作证的压力,身份外泄可能遭遇的危险,这些都可能阻碍卧底今后的人格恢复及身家安全。警察因职务特殊及特别权力关系,难以拒绝卧底指派,他们出卖自己的人格名誉,出卖家人亲友的名誉及感情,长期忍受身份曝光的恐惧及家人遭报复的危险,就是为了顺利侦破案件,只因为警察必须服从长官命令完成任务。试想一个卧底警探必须付出如此的代价,甚至赔上一生的幸福或生命,就只为了破案时的短暂喜悦。破案的价值是否足以拿一个警察及其家庭安危与名誉,甚至警察声望来当赌注?再者有谁会真正自愿拿家人的安危及名誉来赌这种危险的赛局,又有多少家人会体谅呢?也许陈永仁的结局就是对这种尴尬人生的最好解脱。因此建立卧底警察的身份保密制度和出庭作证豁免制度,完善卧底警察的权益保障机制就十分必要。

五、结　语

香港卧底题材的电影源自于特殊的殖民文化土壤,反映了香港社会的变迁和港人心态的变化。香港卧底电影中对卧底人物的塑造也反映出了港人对自我身份的探寻。近代历史中，对香港影响最大的有殖民文化、香港本土文化和传统民族文化，这些文化分别代表了本我、自我和超我的体现。这三种文化的相互冲突，也使得港人在寻求自我身份时出现了迷茫。无论香港卧底电影的内容模式如何不断变化，其内在的人物身份的探寻以及伤感的基调却始终如一，卧底们仍然在无间地狱中无尽的挣扎。随着社会的发展，时代的变革，作为香港影片的王牌，卧底影片中身份探寻的方式会如何创新，仍然值得我们期待。

相对于西方国家对卧底警察制度的完善法律规定来说，我国的立法至今仍是一片空白，无疑是过于落后了，与我们今天大力打击有组织犯罪活动，经常性运用卧底警察的现状也不相适应，实践中发生的大量关于卧底侦查引发的案件，正凸显了缺乏规则矫治的弊端。卧底警探侦查的法律和道德争议应该引起我们所有人的关注。笔者认为，在法治的视野下，政府的任何公权行使，都应当有一套明确而完善的制度来加以规制，方能使善良的民众可以预见公权将如何行使，合理规避自身的风险，也防止自由裁量权的行使逾越特定的轨道。

The Development of Computer Forensics Legal System in China

1. Electronic data

(1) Electronic data

On March 14, 2012, the National People's Congress approved the new criminal procedure law for the People's Republic of China Section 48: Anything that can be used to prove the truth of an event is an evidence, which includes documents, witness statements, victims statements, suspect or defendant's statement, forensics report; inquest, investigation report, identification, inspection experiment reports, audio visual materials, and electronic evidence. According to Section 52 of the same law, the administrative organ can collect evidence, documents, audio visual materials, etc. during the administrative law enforcement and criminal investigation. All these materials can be used as evidence in a criminal prosecution. On August 31, 2012, the 11th National People's Congress Standing Committee 28th meeting about "Amendment of Civil Procedure Law of the People's Republic of China" confirmed that digital evidence is considered as evidence in any legal proceeding.

In real application, digital evidence is usually presented through judicial appraisal. Traditional judicial appraisal includes forensic pathology, identification of criminalistics and audio visual information appraisal, which does not include electronic evidence forensics analysis. According to the Section 2 Paragraph 4 of the "Standing Committee of the National People's Congress on the forensic management issues" in People's Republic of China, it states "according to the needs to be determined by the judicial administrative department of the State Council, together with the Supreme People's Court and Supreme People's Procuratorate, judicial experts and forensic institutions should register their corresponding practicing areas with proper authority". Therefore, Judicial Administrative Department has established procedure to support registration of judicial experts and forensic institutions in the area "electronic evidence".

Before the enacting of the new criminal and civil procedure laws on Jan 1, 2013, electronic data was not considered as legal evidence. On the other hand, judicial appraisal forensic reports are considered as legal evidence, which has been used to transform electronic data into legal evidence. The new criminal and civil procedure law will have great impact on legal cases that involving electronic data, both in theory and practice. We therefore believe research needs to be done on legal cases that involving electronic data when taking the new criminal and civil procedure laws into consideration.

(2) Electronic Evidence Examination

On July 1, 2010, the implementation of "The provisions on reviewing issues of handling of evidence by the Supreme People's Court, Supreme People's Procuratorate, Ministry of Public Security, the Ministry of National Security, the Ministry of Justice on handling death penalty cases" recommended proper procedure when handling the following types of electronic evidence: electronic mails, electronic data interchange, Internet chat records, Internet blogs, mobile phone SMS, digital signature, domain names, etc. The procedure should include the following:

①Document the storage media of the electronic evidence, such as hard disks, optical disks, and should be submitted together with the printed copy of the electronic evidence;

②The information about the collection of electronic evidence, which includes time and place of collection, owner of the electronic evidence, the person that performs the collection and the collection steps, and the equipment used, etc. ;

③Document the process on acquiring, storing, transferring, and presentation of the electronic evidence in a proper and legal way;

④Proper signature and/or chop by the corresponding parties, which includes the person that collects the electronic evidence, the owner of the electronic evidence, and corresponding witnesses, etc.;

⑤ When analyzing the electronic evidence, the judicial expert should confirm the integrity of the electronic evidence, and to ensure the electronic evidence has not been tampered, modified or artificially created;

⑥The relationship of the electronic evidence with the case.

When there in doubt on analyzing the electronic evidence, the judicial expert should perform additional integrity checking by considering related evidence of the case.

2. How to become a computer judicial expert

In mainland China, qualified judicial experts should get the practicing qualification certificate from the corresponding authority. The practicing certificate is a legal proof that the person can engage in judicial appraisal. Judicial experts should meet the qualification requirements of the practicing certificate.

(1) Qualification requirements to engage in computer forensic

Following are basic qualification requirements to practice computer forensic in China:

① Has a senior professional technical title relating to computer forensic;

② Has professional practicing qualifications relating to computer forensic, or has a university diploma relating to computer or information security or higher education, or has an intermediate title of relevant specialty, and has pertinent working experience of 5 or more years;

③Has 10 or more years of working experience relating to computer forensic and has relatively professional technical skills.

④Anyone who has a record of criminal offences, has been dismissed from a government position, or is a deregistered judicial expert, shall not engage in judicial appraisal.

(2) Judicial expertise institution

A judicial expert should practice judicial appraisal in a judicial expertise institution. All judicial appraisal requests should be submitted through judicial expertise institutions and then conducted by individual judicial expert. A judicial expert should avoid potential conflict of interests in the following scenarios which may lead to bias opinions:

① The judicial expert is the plaintiff/defendant or a close relative of the plaintiff/defendant;

② The judicial expert or his/her close relative has an interest in the case;

③ The judicial expert has been served as a witness, advocate or defender in the case;

④ The judicial expert has an interest with the plaintiff/defendant in the case.

(3) Judicial expert's responsibility

A judicial expert's responsibility system should be adopted for judicial appraisal. Judicial expert is a neutral third party to provide independent and unbiased opinions. When conducting computer forensic examination, there should be two or more qualified judicial experts. One judicial expert will conduct forensic analysis and be liable for the expert opinion in the report. He/she will affix his/her name or seal on the expert report. The other qualified judicial experts are responsible to validate the examination process and check the report.

Expert report contains expert opinions and/or facts. The court usually relies on the expert report when a verdict is made when the report covers specialized knowledge in a particular subject beyond that of the average person. On the other hand, the judicial appraisal will be affected by many factors. The accuracy of expert opinion will be more or less affected. For example, judicial experts will design and carry out different tests in each case which depends on their own background and experience. Therefore, it is possible that different judicial experts may draw different conclusions. If a judicial appraisal is jointly conducted by two or more judicial experts and different forensic conclusions were drawn, they should be noted in the expert report. Once an expert is identified to be the judicial expert of a case under legal procedures, he should perform the forensic analysis by himself, and make a signature on the expert report. The expert may require to appear at the court as expert witness when he/she receives a court order or the prosecutor/defender request.

(4) Rights of judicial experts

As a participant of legal proceedings, a judicial expert may enjoy the following rights:

① Access the information and materials relating to the judicial appraisal, and interview the plaintiffs, defendants or witnesses relating to the judicial appraisal;

② Require the instructing party of the judicial appraisal to freely provide materials and samples as required by the judicial appraisal;

③ Carry out the relevant inspections, examinations and simulated experiments as required by the judicial appraisal;

④ Refuse to accept any request of judicial appraisal that is illegal, fails to meet the requirements of judicial appraisal or is beyond the practice scope as registered;

⑤ Refuse to answer any question irrelevant to the judicial appraisal;

⑥ Preserve different views in the case of any inconsistency of expert opinions about the findings;

⑦ Receive continue professional development as required by the profession;

⑧ Obtain remunerations;

⑨ Enjoy any other right as prescribed by law and regulations.

(5) Duties of judicial expert

A judicial expert possesses the following obligations:

① Designated by his/her judicial expertise institution to conduct forensic examination according to the relevant provisions in a timely and independent manner and to produce expert reports;

② Responsible for the expert opinions as produced;

③ Avoid cases that may have conflict of interests;

④ Preserve the materials, samples and other relevant information of the judicial appraisal in a proper manner;

⑤Observe confidentiality when handling information and materials of cases, which includes state secrets, commercial secrets as well as individual privacy;

⑥Appear in a court as expert witness and answering any query relating to the judicial appraisal;

⑦Subject to audit and inspect by authority of justice;

⑧Attend proper training and continue professional development of judicial appraisal;

⑨Perform any other obligation as prescribed by law or regulation.

3. How to build a judicial expertise institution

Judicial expertise institution is an institution where a legal person or any other organization can apply for practicing in judicial appraisal. It must satisfy the following conditions with respect to the current law in China:

(1) Have its own name and premises;

(2) Have a capital of at least 0. 2 million RMB and up to 1 million RMB;

(3) Have clear defined practicing scope;

(4) Have instruments and equipment that can meet the needs of judicial appraisal within its practicing scope;

(5) Have a testing lab which has passed measurement certification or laboratory accreditation and can meet the needs of judicial appraisal within its practicing scope;

(6) Have 3 or more judicial experts for each judicial appraisal practicing scope.

Where a legal person or any other organization applies for practicing in judicial appraisal, the administrative authority of justice shall not accept it and shall produce a Decision on Rejection under the following circumstances:

(1) Where the legal person representative or the person in charge of judicial expertise institution has been subject to criminal liabilities or has been dismissed from a public body or government department;

(2) Under any other circumstance as prescribed by law or regulation.

The administrative authority of justice that has decided to accept an application shall produce a Decision on Acceptance and shall conclude the relevant examination according to the statutory time limit as well as statutory procedures. The administrative authority of justice shall organize experts to carry out an examination on the equipment and the testing laboratory as required for the applicant to engage in the designated judicial appraisal practicing scope. The time for the examination shall not be calculated into the time limit of the examination.

As to any institution that meets the relevant requirements upon examination, the administrative authority of justice at the provincial level shall make a decision on approving the registration and issuing a Judicial Appraisal License. For any institution that fails to meet the relevant requirements upon examination, the administrative authority of justice at the provincial level shall make a decision on disapproving the registration and inform the relevant applicant in written form with explanation.

The Judicial Appraisal License is the practice certificate of a judicial expertise institution. The judicial expertise institution shall carry out its activities of judicial appraisal according to law upon the strength of the Decision on Approving the Registration as issued by the administrative authority of justice at the provincial level as well as the Judicial Appraisal License. The valid term of the Judicial Appraisal License is 5 years.

The administrative authority of justice shall offer guidance on procedures, which includes administration and examination procedures, for judicial expertise institutions as well as their activities of judicial appraisal. The professional body of judicial appraisal shall establish professional practice of judicial appraisal according to law.

Judicial expertise institution established by an investigating authority for the purpose of investigation should not accept judicial appraisal request from the general public. Moreover, the people's court or the administrative authority of justice cannot have its own judicial expertise institution. There is no hierarchical relationship among the judicial expertise institutions. A judicial expertise institution is not subject to any geographical restriction when accepting judicial appraisal requests.

4. Expert Opinion

Expert opinion plays an important role in the court. If the plaintiff or defendant's claim is a fact which or can be supported by evidences, the claim can be accepted by the court. Otherwise, the claim's validity could not be established. Under normal circumstances, the plaintiffs or defendants will use documentary evidences, physical evidences, witness testimonies and other evidences to support their claims. On the other hand, judicial expert can draw a conclusion on the disputed arguments through analysis, identification and judgment, which is called the expert opinion. The weight of an expert opinion for a case depends on its relationship with the case. Under normal circumstances, the weight of the expert opinion which is based on facts is higher than others. Secondly, the weight of an expert opinion about a person is higher than the expert opinion about a matter. Thirdly, the weight of an expert opinion on identical identification is higher than the species identification. Fourthly, the weight of an expert opinion about true or false, yes or no, cause or result, and degrees is higher than others.

In mainland China, expert opinion could be used as evidence in legal proceedings. The specific definition could be found in Civil Procedure Law, Criminal Procedure, Administrative Procedure Law and the Supreme People's Court, especially in Some Provisions of the Supreme People's Court on Evidence in Civil Procedures, Rules of the

Supreme People's Court on Some Issues concerning the Evidence in Administrative Procedures and Interpretation of the Supreme People's Court and the Supreme People's Procuratorate Concerning Some Issues on the Specific Application of Law for Handling Criminal Cases of Infringement upon Intellectual Property Rights. The judiciary and plaintiff/defendant could submit expert opinions in the legal proceedings.

Expert opinion should draw a fair and unbiased conclusion according to the facts, and assist the judiciary to understand the technical and legal status of those facts. Based on the conclusions drawn by the expert opinion, the judiciary could then make a judgment.

For the plaintiffs and their advocates, expert opinion could advise them with a correct and objective judgment on the prospects of legal proceedings, and then decide to pursue with warning, negotiation or legal proceedings for the dispute. Moreover, expert opinion could help them to decide whether to take any measure to reduce the risk of legal proceedings.

For the defendants and their advocates, expert opinion could be used to confirm whether to constitute a tort or not. Expert opinion could also help them choose corresponding defense strategy, e. g. reconciliation, declaration of the invalid right of the plaintiff or non-infringement defense. Furthermore, the defendants could assess whether there are sufficient reasons to support the invalid right of the plaintiff or non-infringement defense.

In a legal proceeding, expert opinion plays an important role. It could be used to identify the facts objectively for both plaintiffs and defendants, which can reduce the risk and the cost of the proceeding. During the legal proceeding, the plaintiffs or defendants could request for judicial appraisal from the court, and the request should be applied within the time limit to produce the evidence. Otherwise, it will bear the responsibility of unable to produce the evidence. On the other hand, if the court decides to carry out the judicial appraisal, the decision should be made during the court trial or discussion in the adjournment. Once the expert opinion is made, it will be served as important evidence in the court.

In addition to the general characteristics of evidence, expert opinion has its own special characteristics:

(1) Transformation: Other evidences could be transformed to expert opinion through the judicial appraisal. Ordinary evidences provided by the plaintiffs or defendants become crucial evidences.

(2) Verification: Expert opinion can act as a standard to verify the authenticity of other evidences. As mentioned before, the judge tends to adopt expert opinion rather than other evidences.

More and more new technologies are used by judicial experts when they are preparing their expert reports. It is no longer factual determination. Judicial experts put efforts into recognizing "scientific evidence" and identifying "pseudoscience". To this extent, judicial experts are regarded as "scientific judges". Therefore, the importance of expert opinion in the judicial activities can never be doubted.

5. Conclusion

With the development of judicial appraisal system in China, the development of computer forensic is improved significantly, which includes standardization and legalization. Computer forensic teams and institutions have achieved remarkable success in the past few years. Also, the credibility and functionality of judicial appraisal has become more and more important. Meanwhile, some requirements about judicial appraisal system in mainland China were published by the Ministry of Justice, as well as the National People's Congress and Chinese People's Political Consultative Conference. Therefore, in order to move forward and catch up with the rest of the world, more efforts should be put into the computer forensic area in mainland China, which include research, development and professional practice.

Electronic Data Forensics in the Panda Case①

1. Introduction

Digital forensics is key to the trial and measurement of penalty in computer-related crimes, thus it is a hot issue in the digital era. Due to its high-tech properties such as modifiability, instantaneity, reliance on the equipment, and its precise repeatability, electronic forensic identification is both a legal and technical issue. We should integrate its particularity with its universality, and study on the evidence investigation, acquisition, preservation, application, examination and conformation, to secure the objectivity, legality and relevancy of the electronic evidence.

---

① "Electronic Date Forensics in the Panda Case" 发表于 2016 年 7 月 Proceedings of the 2016 Global Governance of Policing: Police, Societies, and Markets （亚洲警察研究学会国际会议论文集）.

2. Status report on digital evidence identification

The Scientific Working Group on Digital Evidence (SWGDE) under the International Organization on Computer Evidence (IOCE) held the International Hi-Tech Crime and Forensics Conference in London, October, 1999. This conference put forward the relevant standards and principles of digital evidence. Around 2000, experts proposed several typical process models in dealing with digital evidence: Basic Process Model, Incident Response Process Model, Law Enforcement Process Model, Abstract Process Model, etc. Agencies and companies outside China, such as NTI, Computer Forensics Inc., and Guidance Software, have developed tools like Winhex, Encase, DIBS, and Flight Server. 70% of the law departments in US have their own E-electronic laboratories. Experts from Hubei University of Police (HUP) were invited to the 2013 ADFSL Conference on Digital Forensics, Security and Law (Richmond, Virginia, US), and in their first report they introduced the current status of China's digital evidence examination, proposing the hierarchical model of e-evidence identification. ISO/IEC JTC1/SC27 released The Fitness for Purpose of Analytical Methods (ISO/IEC 27041) on 18th, April, 2013, and planned to release A Guidance to the Analysis of Electronic Evidence (ISO/IEC 27042), and The Principles and Process of Investigation (ISO/IEC 27043) in 2015. This field is developing with each passing day. In November, 2005, China established CCFC and held the first seminar. Chinese Academy of Sciences held the Workshop on International Digital Evidence in August, 2010. In December, 2011, the Ministry of Justice organized universities, law enforcements, judicial agencies, military and national security agencies to work with HUP, and published the training material Practice of Electronic Evidence Identification. HUP, together with Hong Kong University and Wuhan Institution of Engineering Science and Technology held in Wuhan the "Forum on Digital Evidence Identification" in November, 2013, and in May, 2015, the national "Forum on Theories and Practice of Electronic Evidence Identification" was held in Shanghai. In recent year, the public security agencies, procuratorial agencies, security and military systems have opened all kinds of training sessions in terms of digital forensics. CNAS and the Ministry of Justice have started the certification and accreditation of the e-evidence examination practioners. This field is becoming increasingly dynamic in China.

3. Categories and hierarchies of the digital forensics

When it comes to the new type of evidence derived from modern information technology, the judicial circles around the world proposed various kinds of terminology, such as "electronic forensics", "computer forensics", "digital forensics", "network forensics", etc.. In Taiwan, China, it is called "electronic physical evidence identification", which belongs to forensic science.

In mainland China, we prefer the term "electronic physical evidence identification", which put such evidence in the category of traditional evidence. In college education, the term "computer forensics" is more popular, which reveals its relevance to computer science and technology. Scientific research institutions and procuratorial agencies favor the name "digital forensic investigation" due to its popularity in its foreign counterpart agencies. While courts use more often the term "electronic evidence identification" to highlight the importance of evidence, the judicial system applies "electronic data expertise" which considers judicial expertise as a new realm.

The writer thinks that digital forensics is an interdisciplinary subject involving both laws and regulations, and scientific technology. It can be categorized into different types according to different bases of classification, such as its layer of evidence, application, technology and foundation, with one layer being independent from the others. The combination of the specific features of each layer reflects the position and role of digital evidence in the legal procedures. Graph 1 shows the categories and hierarchies of digital evidence.

In the perspective of the layer of application, the writer adopted the term "electronic evidence identification", considering it a subject to research the laws and regulations as well as scientific technologies in terms of how to obtain, preserve, analyze and present this evidence.

In the perspective of the layer of evidence, "electronic evidence identification" refers to the activities in which the appraisers apply the

Evidence Level	Source Identification	Identity Identification	Content Identification	Criminal Responsibility
				Administrative Responsibility
	Functional Identification		Composite Identification	Civil Responsibility
				Non-litigation Activities

Application Level	User Behavior Forensics	Malicious Code Forensics	Electronic Document & Data Forensics	
	Database Forensics	Electronic Data Similarity Forensics	Mobile Device Forensics	Network Forensics

Technology Level	Computer Evidence	Network-based Electronic Data Forensics
	External Device and Auxiliary Data Evidence	
	Other Electronic Device Evidence	Stand-alone Device Data Forensics

Base Level	Technology Foundation
	Codes and Standards
	Legal Foundation

Graph 1　Categories and hierarchies of digital evidence

theories and technologies of computer science, and expertise, to examine and judge the specific issues involved in legal procedures, and finally give expert opinions.

4. Legal foundation of the electronic evidence identification

(1) Electronic evidence as the newest type of legal evidence

The amended Criminal Procedure Law, and Civil Procedure Law of the PRC were enacted since January 1st, 2013. The amended

Administrative Procedure Law of PRC took effect since May 1st, 2015. These laws confirmed that digital evidence is considered as evidence in any legal proceeding.

(2) The development and perfection of laws related to digital evidence

Article 285 and 286 of the Criminal Law of PRC stipulate the following six computer-related crime charges: ①crime of illegal intrusion into computer information system; ②crime of sabotaging functions of a computer information system; ③crime of damaging computer information system data and application program; ④ crime of producing, disseminating of computer viruses and other destructive procedures; ⑤ crime of hacker; ⑥ crime of providing hacking tools. Article 287 illustrates and summarizes other crimes involving the use of computer to commit crimes such as fraud, theft, corruption, embezzlement, stealth of State secret. There are more than a hundred kinds of such crime charges. Besides, the Civil Procedure Law and Administrative Procedure Law are facing increasing social demands. Areas such as E-government, E-commerce, network finance, industrial and agricultural production, social service, people's livelihood and privacy are calling for legal protection from the government.

In order to meet the needs of the judicial practice, and clearly define the application of laws against the crime of endangering the safety of computer information system, the Supreme People's Court, together with the Supreme People's Procuratorate, jointly issued *A Number of Issues on the Application of the Law on the Handling of Criminal Cases involving the crime of endangering the safety of computer information system* (hereinafter referred to as Issues), and enacted it in September 1st, 2011. Article 9 of the Issues addresses specifically the problem of accomplice in the crime of endangering the safety of computer information system. There are mainly three types of joint crime: ①those who knows that the other person is carrying out the crime of destroying computer information system, but still provides him \ her with the program and tool for destroying the function, data or application program of computer information system; ②those who knows the other person is committing the crime against computer information system security, but still provides him \ her with the Internet access, server hosting, network storage space, communication channel, cost settlement, trading services, advertising services, technical training, technical support and other help; ③those who knows the other person is committing the crime against computer information system security, but still provides him/her with funds by entrusting them to produce promotion software, advertising and other ways.

(3) Electronic data forensics is the latest and particularly specified identification

Compared with traditional forensic identification, forensic identification and audio-visual information identification, electronic forensic identification is based on the needs of the proceedings, and is the latest and particularly specified identification by the Judicial Administrative Department of the State Council, the Supreme People's Court, and the Supreme People's Procuratorate. With the development of social informatization, big data, cloud computing, Internet of things and mobile terminals, are widely applied. Flow of people, logistics, financial flow, information flow, administrative flow, management and manufacturing flow, etc., have generated vast electronic data, which resembles multi-dimensional characteristics like time, space, events, the relationship between people, the motivations and consequences. The data is easy to access and trace, and the scene can be reconstructed. Forensic identification of electronic data can prove the fact of the criminal cases, administrative cases and civil cases, and also serve the non litigation activities.

(4) Main target content of examination

On July 1, 2010, the implementation of "The provisions on reviewing issues of handling of evidence by the Supreme People's Court, Supreme People's Procuratorate, Ministry of Public Security, the Ministry of National Security, the Ministry of Justice on handling death penalty cases" recommended proper procedure when handling the following types of electronic evidence: electronic mails, electronic data interchange, Internet chat records, Internet blogs, mobile phone SMS, digital signature, domain names, etc. The procedure should include the following: ①whether the storage media of the electronic evidence, such as hard disks, optical disks are submitted together with the printed copy of the electronic evidence; ②whether the formation about the time and place of collection, the person that performs the collection and the collection steps, and the equipment used, etc. are specified; ③whether the process on acquiring, storing, transferring, and presentation of the electronic evidence is in a proper and legal way; whether the person that collects, produces the electronic evidence, the owner of the electronic evidence, and corresponding witnesses have sighed or chopped; ④ whether the integrity of the electronic evidence is ensured, and whether the electronic evidence has not been tampered, modified or artificially created; ⑤whether the electronic evidence is related to the case. When there is doubt on analyzing the electronic evidence, the judicial expert should perform additional integrity and relevance checking by considering related evidence of the case.

(5) The extensive carrier of electronic data—computer information system and digital equipment

The State Council issued the Regulations of PRC on the Protection of Computer Information System Security (No. 147) in February 18th, 1994, stipulates that computer information system refers to the computer and its related equipment, facilities (including network), performing the information collection, processing, storage, transmission, retrieval according to a certain application objectives and rules.

With the development of information technology, all kinds of digital devices which can make and install programs with its operating system have been widely used in various fields. There is very little difference between the nature of the digital devices and computer information system or computer system. Therefore digital devices should be included in the scope of protection of the Criminal Law. Based on this, the Supreme People's Court and the Supreme People's Procuratorate jointly issued the A Number of Issues on the Application of the Law on the Handling of

Criminal Cases involving the crime of endangering the safety of computer information system and enacted it in September 1st, 2011. By using the method of explanation and generalization, the computer information system and computer system are defined as "the systems including computer, network equipment, communication equipment, automatic control equipment, etc., which have the function of automatic data processing."

Among them, network equipment refers to "the equipment which is used to connect the network equipment"; communication equipment refers to equipment which provides communication services, such as mobile phone, communication base station, etc., which is used in the industry. Automation control equipment refers to equipment in the industry for the implementation of automatic control, such as monitoring equipment in the power system, the assembly line control equipment in manufacturing, etc.. Issues provides a solid legal basis for the widely used digital devices, such as mobile phones, smart mobile terminals, car networking and Internet of things, etc. in various fields.

5. Technical basis electronic forensic identification

The author believes that the technical basis of the forensic identification of electronic data includes three technical methods: read only, cloning and verification. They ensure that the forensic identification of electronic data can be both qualitative and quantitative, and it can be accurately reproduced at any time.

(1) Read-only can be realized through the method of software and hardware. The purpose is only to read the test material, without changing it. And it is designed to protect electronic data from being altered, so as to ensure that the primitiveness of the data for further retest.

(2) Cloning is to clone the content of the hard disk to the clone hard disk with the help of the hard copy machine, during which the integrity of the original data will not be damaged or modified. Because this is Niche clone, the content in the hard disk will be fully reflected in the cloning, including the deleted file, the unallocated space, the print buffer, data residue area and file fragments, without anything lost, omitted, or modified, so that we could examine only the cloning of hard disk. If someone has doubts about the evidence can be, they can go through relevant legal procedures, and repeat the identification process in the presence of the judicial personnel, witnesses and related parties by extracting the original samples, removing the seal, and then repeating the new clone hard disk.

(3) Hash check refers to transforming an arbitrary length of input into a very short fixed length output, through the hash algorithm. The output is the hash value, also known as Hash code. Take SHA-1 and MD5, the two common Hash algorithms , as an example, they can calculate any type of file, hard disk partition or the entire hard disk to output respectively 128 and 160 bit fixed length hash value. We can check whether the file or the hard drive has been tampered at any time in the case, simply by comparing the Hash values of the same file, hard disk partition or the entire hard disk.

In the same file, hard disk partition or hard disk, even a single change of the punctuation mark will result in different Hash value. That is, the Hash check ratio can be used to preserve electronic data evidence. As long as the Hash value is unchanged, it is able to prove that the electronic data evidence submitted to the court has not been changed, which is the significance of Hash verification. This can effectively realize the process control and quality supervision of the identification.

6. Electronic data show the characteristics of the whole process of quality management and process control

(1) The technology basis of electronic data determines the characteristics of electronic data, which makes it different from the traditional evidence. It can be accurately reproduced at any time, without arousing any disputes.

(2) Electronic data are the information existing in a variety of storage media and network data flow. This information is generally mass data, with multi-dimensional characteristics like time, space, events, and the relationship between people, the motivations and consequences. It can be both qualitative and quantitative.

(3) Electronic data evidence is binary information, which can be stored for a long time, and reproduced at any time. Once completely fixed and properly preserved, the contents of the data will be an objectively guaranteed.

(4) Electronic data are easy to obtain and trace. For example, a car breaks down and needs to be sent to the 4S store and get fixed. This is what traditional data recovery like. While in electronic data recovery mode, as long as we can find a mall fragment of this car, we can analyze the component of the steel and paint, getting to know the vehicle model, manufacturers and suppliers, so as to find the owner. Through the GPS of the owner, we can find the routing and the driving habit of this vehicle. Furthermore, through the owner's phone, we can analyze the related information flow, money flow and logistics, as well as the information about time, space, events, and the relationship between people, the motivations and consequences.

7. Legal scheme for electronic forensic identification

In examining electronic data, we should pay attention to all aspects of the legal system. We should follow the legal requirements when investigating the computer-related crime and acquiring data. We should analyze related information, identify its type and characteristics, determine the equipment source, and address source and the software or operating sources. Through the study of the objectivity, relevance, legitimacy and other properties and related links of the electronic data, we could find out the objective connection with the fact of the case. Then this electronic data becomes the valid evidence to prove the case, and the final expert opinion is formed. The whole process is repeatable.

Take the Panda case as an example, its legal scheme is produced according to Article 286 of the Criminal Law: "Those who intentionally produce, disseminate computer viruses and other destructive programs, and affect the normal operation of the computer system with serious consequences will be punished in accordance with Paragraph 1."

(1) The identification of "making" of the virus

Using hard disk copy machine, we copied the data from the original hard disk to a new hard disk without any data, and found in the Code Source directory a large number of source code files of virus and Trojan programs written in VB, VC and Delphi, which covered almost all the aspects of the network attack viruses and Trojans.

In the "\ Source Code \ Delphi \ My _ Work \ chuangran" directory, we found a number of versions of the virus source code file. According to the time sequence, the code content was basically the same, and the function was gradually improved, which reflected the basic track of the author's maintenance and improvement process (see Appendix 1: xx judicial identification: [2007] 002). Graph 2 is the screenshot of the hacker method in terms of "production" of the virus

(2) The identification of "production" of the virus

In "* * 's file", we found a large number of IP addresses, computer names, as well as user names and passwords for online games (such as "Hangame", "Itembay", "Zhengtu (Warpath)", "Maple Story"). Combining with the related information found in the "readme. txt I" (which appeared multiple times) under the "\ Source Code \ Delphi \ My_Work \ chuangran" directory, we concluded that the ultimate goal of the producer of the Trojan virus "whboy" (i. e. the Panda virus) was to obtain economic benefits through the sale of the Trojans they designed and the information obtained by the Trojans. In addition, from the chat retrieved from the hard disk we could see that there were a lot of people who knew what the virus producer was doing, and they demanded for the virus. Therefore, the writer of the "whboy" was not writing this Trojan program simply out of interest.

(3) The identification of "intention"

At the early stage, the virus producer gave out the virus to the Internet users, and then together with other defendants, he rented a server with 1,600 yuan to set up a website, and enabled the affected computers to visit this website automatic ally. Then they could sell the site traffic, and implanted in the web server the Trojan program, which could steal the online game account and password by steps such as automatic detection and electronic envelope. Then the other defendants sold the information elsewhere.

(4) The identification of "consequence"

Affected by the "whboy" Trojan, the running speed of the computer dropped, with blue screen and frequent restart of the system, and the hard disk data file was damaged. Meanwhile, the computer will become the "chicken" controlled by the Trojan writer, and would download files

log备份的总结.txt	3 KB	文本文档	2006-11-19 6:24	A
关于r_server服务名的修…	3 KB	文本文档	2006-3-27 21:07	A
克隆管理员帐号的方法.txt	4 KB	文本文档	2005-11-23 13:27	A
网游服务器渗透心得.txt	5 KB	文本文档	2006-4-4 20:40	A
入侵回忆录韩国冒险岛.txt	6 KB	文本文档	2006-4-4 20:54	A
SandBox.txt	6 KB	文本文档	2006-4-17 23:28	A
Serv-U6_002下的艰难提权…	6 KB	文本文档	2005-11-23 19:17	A
网上收集了几个花指令.txt	6 KB	文本文档	2005-12-24 5:09	A
利用log备份获取WEBSHELL…	7 KB	文本文档	2006-4-6 23:38	A
入侵回忆录韩国ESOFT.txt	7 KB	文本文档	2006-9-24 22:22	A
Google Hacking 的实现以…	8 KB	文本文档	2006-11-8 23:53	A
收集一些自己写过的老文…	13 KB	文本文档	2006-1-3 7:13	A
利用odbc来拿本机权限.txt	15 KB	文本文档	2006-4-26 2:15	A
Do All in Cmd Shell (一…	27 KB	文本文档	2006-4-18 0:59	A
万能拿到webshell.txt	29 KB	文本文档	2005-10-31 1:23	A
收集一些SMB劫持的文章.txt	32 KB	文本文档	2006-1-3 7:09	A
cookie注射拿下一网站.doc	57 KB	Microsoft Word …	2005-12-13 0:27	A
Windows环境下通过MySQL…	74 KB	Microsoft Word …	2006-4-23 7:06	A
整理的一些有用的ASP注入…	105 KB	Microsoft Word …	2006-3-17 4:04	A
我是如何开发CnSaferSI的…	106 KB	Microsoft Word …	2006-4-24 22:52	A
Serv-U6_002下的艰难提权…	176 KB	压缩	2005-11-2 20:39	A
Serv-U6_002下的艰难提权…	221 KB	PDF 文档	2005-10-29 1:03	A
Google Hacking 的实现以…	263 KB	Microsoft Word …	2006-4-26 6:46	A
入侵国内某知名出版社全…	264 KB	压缩	2005-11-2 19:42	A
万网我进来玩过两次了.pdf	596 KB	PDF 文档	2005-9-29 1:47	A
Sniffer.pdf	631 KB	PDF 文档	2004-2-11 22:31	A
Advanced SQL Injection …	885 KB	压缩	2006-4-16 6:15	A
MS05039加海洋顶端ASP木…	969 KB	PDF 文档	2005-10-3 1:36	A
入侵内网[NP].rar	1,366 KB	压缩	2005-11-28 1:50	A
Windows 2000 Server高级…	5,921 KB	压缩	2005-11-28 1:51	A
hgz躲IceSword.swf	5,999 KB	SWF 文件	2006-9-28 5:44	A

Graph 2　Screenshot of the hacker method in terms of "production" of the virus

from specified website, which caused the failure of the computer system. Under "MyHacker \ articles frequently read \ bill", we found the billing information from January 2005 to July 2006, a total amount of about 400,000 yuan. Graph 3 shows the sales ads.

　　The behavior of the defendants is in full compliance with the constitutive elements of the crime of destroying computer information system. The identification of the four aspects: production,

Graph 3   Sales ads

dissemination, intention and the consequences conform strictly to the relevant content of the criminal law, and the expert opinion has been admitted by the court: "Defendants Li and Lei intentionally produced computer virus; Defendants Li, Wang, and Zhang intentionally disseminated the computer virus which affected the normal operation of many computer systems with serious consequences. Their behavior has constituted the crime of destroying computer information system, thus should bear criminal responsibility. "

8. Developing of the technical scheme

Developing of the technical scheme of the forensic identification needs to reflect its systematicness and depth. Systematicness is based on the technology of read only, cloning and verification, and refers to the overall technical scheme which aims to obtain data nondestructively, analyze the integrity of evidence, and present reproducible expert opinion.

"Depth" refers to the development of a more detailed technical scheme in preparation, investigation, collection, analysis, fixing, presentation of evidence. For example, whether we should shut down the device; whether it should be turned off normally or cut off the electricity during the inquest; when we could remove the hard disk, whether we need an adapter card and when to use the tools to obtain image etc. .

As the core part of digital forensics, the analysis and identification of electronic data consists of the following steps:

① Get to know the composition of the case and the relationships

② Note the motives and means of the case

③ Differentiate the investigative priorities of the suspects

④ Look for hidden digital evidence

⑤ Confirm the other evidences

⑥ Find the clues

⑦ Note the requirements imposed on the evidence when the case is submitted to the court.

⑧ Predict the behavior of a crime and evaluate the potential of its action

9. Developing of the forensic identification scheme

Indeed, when developing the forensic identification scheme, mostly we would integrate the legal scheme with the technical scheme, and make detailed identification plan based on the actual case, so that the identification can be conducted purposefully and step by step. We can analyze comprehensively the extracted electronic data, and determine the mutual relationship between motive, criminal act, interaction and the time arrangement of the suspects. Electronic data collected from different computers can be used to infer when, where, why, in what kind of way and what the suspects have done.

(1) Spatial analysis

Due to the nature of the Internet, electronic data can be found not only in personal computers, such as directory files, chatting records, web browsing history, and log files, but also in related server logs, network equipment and network traffic.

Among the overall crime act, it's hard to determine the specific activities of the criminal based on the hard disk-centered identification, because the there are many crime scenes with different degree of involvement of each criminal. Therefore it is necessary to apply fusion reasoning in analyzing the relevant electronic data.

(2) Functional analysis

Functional analysis is to reveal the process the crime, for example, the research on the attempt to cover up the crime will be enlightening and will hint at the possible direction of data analysis. Functional analysis can help us understand the role of certain evidence, and the intent and motive of the criminals. Therefore it could help appraisers to evaluate the reliability and implication of the e-evidence.

(3) Temporal analysis

Temporal analysis is to determine the evidence of the development of the crime within a period of time. It helps to identify the sequence of time and the real-time pattern of events. The operating system saves the time when the files and folders are created, the last time when the files are modified and accessed. In addition, some application software will embed the temporal information in the files, logs and database, so as to display the time of various activities on the computer. These timestamp are useful for inferring the order of events.

(4) Correlation analysis

Correlation analysis is used to determine the composition of crime, the location and mutual relationships of the criminals. It helps to create an inference graph of person-to-person, and person-to-computer relationship. The establishment of such a correlation graph relies on the discovery of the appraisers. Therefore, the correlation analysis of the graph works the best when there are limited entities. With the increase of the entities and links, we need some analytical tools to provide a graphical interface, shown in Graph 4.

(5) Structural analysis and granularity analysis

Based on the structure and granularity of the evidence, generally speaking, the larger the structure and granularity is, the more simple the analysis will be, the smaller the structure and granularity is the more technology and equipment will be needed. For instance, in the identification of intellectual property cases, we can first compare the structure of the file catalog, and then compare the number, the name, the type and the property of the files between the suspect software the original software. Furthermore, we may compare the number, the name,

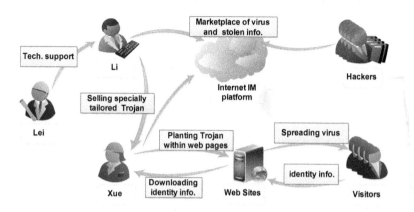

Graph 4   Correlation graph

the type and the property of the fields.

(6) Data analysis and code analysis

We could scan the file types, compare the characteristics of various types of files, and classify them, so that we could get some clue to the case. We need to pay special attention to the files which are hidden or whose attributes are changed when stored. These files usually contain some key and sensitive information. For example, we should pay attention to the analysis of the system logs, registry and Internet access history, and other important documents.

Because of the successful handling of the Panda case, the writer of this paper was awarded Individual Award of Merit, Class two, and the laboratory staff was awarded Collective Award of Merit, Second Class.

10. Working environment and supervision over the chain of evidence

Electronic data should be properly preserved for reorganization, testing or demonstration. So there are strict requirements on the working environment, which should meet both the legal and technical standards. For instance, the storage device of electronic data should be kept far from high magnetic field, heated, and humid environment, and the hardware and software tools should pass the access evaluation and authentication by related national departments.

There should be complete supervision over the whole identification process. The handover, custody, unpacking, and disassembly of the media should be completed jointly by the judicial officers and the custodian. The authenticity and integrity of each step should be checked and recorded by photos and detailed written transcript, on which the involved personnel should sign their names.

11. Architecture of the electronic data forensics

Through learning and drawing on domestic and foreign research achievements, and based on the research and reference of domestic and foreign laws and practices, the writer of this paper proposed the architecture of the electronic data forensics. See Table 1.

Table 1   **Architecture of the electronic data forensics**

Making of the legal scheme	
Making of the technical scheme	
Making of the forensic identification scheme	

Working environment	Case introduction	Supervision of the chain of evidence
	Identification requirements	
	Receiving and cloning of the material	
	Temporal analysis, spatial analysis, structural analysis, granularity analysis	
	Functional analysis, correlation analysis, data analysis, code analysis	
	Expert opinion	
	Appearance in court	
	Legal qualification of personnel and agency	

Technical foundation of digital forensics	
Legal foundation of digital forensics	

We can see from above that electronic data forensics is the unified construction of its legal basis, technical basis, the making and implementation of its legal and technical schemes.

12. Conclusion and prediction

Generally speaking, the research on and development of digital forensics in and out of China is unbalanced, the criteria disunited. There is an urgent need to study digital forensics from the basic theory, structure model, and practical application to perfect its structure, and lay a theoretical foundation for the future standard setting and platform integration. This paper is a preliminary discussion based on this conclusion and prediction, which sets foot into an interdisciplinary, frontier and innovative research area.

Discoursal Strategies of Police Interrogation①

Introduction

In recent year, there has been an increasing focus on the process of the police interrogation, especially the use of language by police interrogators. The analysis of language use in such communication context is important because pieces of information are gathered as evidence and will be used in court. How language is used within the interrogation room can have serious consequences for the suspect.

Research on institutional interaction develops hand in hand with social linguistics, discourse analysis, ethnography of communication, and the rise of pragmatics and discourse analysis. As the interaction is

① "Discoursal Strategies of Police Interrogation" 发表于 2017 年 Proceedings of the International Conference on Policing and the Belt and Road Initiative (2016 警务外交与 "一带一路" 国际研讨会论文集).

verbal interaction, institutional interaction is also called institutional discourse. In recent years, more and more scholars study in the professional and institutional context of discourse interaction. There are various ways to define institutional discourse, with the consensus that institutional discourse is different from the daily conversation, which occurs in the informal context, such as between family members, friends, etc. (Huang and Xie, 2010). Institutional discourse occurs in a particular institution, place, and under specific background, and is influenced and the constrained by specific institutions, such as the court trial, news interview, medical conversation, classroom discourse, police interrogation, etc. According to Drew and Heritage (1992), institutional discourse shares the three traits: specific purpose, different degree of constraints, and in the context of specific institutions, there is a corresponding reasoning framework. Police interrogation as a typical type of institutional discourse, has its distinctive institutional purposes, one of which is to find out the truth and collect the evidence through the application of all kinds of discourse strategies.

Literature Review

Police interrogation, as a part of institutional discourse, has its own unique discoursal strategies. According to Shuy (1997), coercion is a major problem in police interrogation of suspects. This could come in form of verbal dominance or control. If suspects are dominated by verbal force without regard for their individual desire or volition, the result is coercion as much as it would be from physical force. Berk-Seligson (2002) contends that from a discourse analytical point of view, each police interrogator tends to "recycle" the topics of interest to him/her (the crime and the suspect's involvement) . So all discourse strategies employed by the interrogator are geared towards obtaining confession from the suspect. Berk-Seligson (2002) claims that this approach (recycle) has been referred to, in the language of professional criminal investigators, as "constant repetition of one theme" which consists of "repeating the same questions or line of questioning over and over again".

According to Liao Meizhen (2003) , China, discoursal strategies mean how we choose and make use of the discourasal resources to attain our goal. The key to the strategies of interrogation lies in, among all the potential interrogation forms, which one can most effectively make the interviewee (s) cooperate to the full extent, so that the interviewer could realize his goal. Huang Ping and Xie Shaowei (2010) discuss the process of police interrogation as a dynamic changeable process of improving accuracy and reducing fuzziness at the same time by the police's questioning.

Discoursal Strategies of Police Interrogation

What the suspects have done indeed is the most important element in accounting for their behavior in the interrogation room, meanwhile cultural factors and other extralinguist and linguistic elements also play an important part.

Sequential questioning

Sequential questioning refers to the furthering of questions by the interrogator related to certain focus, so as to obtain accuracy information. The following excerpt is taken from a murder case happened in Heilongjiang Province, China (Huang and Xie, 2010), from which we could find out how the interrogator tried to make the suspect state clearly the information.

Excerpt 1:

IPO (Interrogation police officer): When and where did you commit the murder?

Suspect: Hequ Street, 2:30 am.

IPO: Which day?

Suspect: 16th.

IPO: February 16th?

Suspect: (Nodding).

Excerpt 2:

IPO: Where did it happen?

Suspect: The North Ring Road ... I don't remember the exact place...

IPO: Is it near the Daoli Bridge?

Suspect: Yes.

IPO: How far it is from the Bridge?

Suspect: About 2 or 3 bus stops.

IPO: About 2 stops and on that bridge? On the North Ring Road?

Suspect: Yes.

IPO: So it is on Jingyang Street?

Suspect: No.

IPO: OK.

Suspect: About one or two street to Jingyang Street?

IPO: I see.

The two examples show that the interrogator tries to pursue the suspect with questions related to the key information such as time and location of the crime. The suspect almost always plays the role of a passive responder, thus his answers are usually ambiguous. Therefore the interrogator has to further the questions to get the exact information he needs. In Excerpt 1 the interrogator asks sequentially three questions for the exact time when the crime is committed—2: 30 am in the early morning of February 16th. In Excerpt 2 the interrogator asks sequentially five questions of the location—a place about 100 or 200 meters to Jingyang Street, about 2 stops away from the bridge. Such repeated questions will surely help obtain the exact information related to the case, and leave no opportunity and space for the suspect to lie.

Simple repeated questioning

Berk-Seligson（2002）contends that from a discourse analytical point of view, each police interrogator tends to "recycle" the topics of interest to him/her（the crime and the suspect's involvement）. So all discourse strategies employed by the interrogator are geared towards obtaining confession from the suspect.

Simple repeated questioning means repeating the questions without changing the form of the questions. This strategy applies to the situation where the responder of the questions does not provide the answer in time, so the interrogator has to repeat the questions again. This helps the interrogator get the desired information. It also demonstrates that the asker is not satisfied with what the answerer has said, and the asker demands the answerer to respond to the question directly. See the following excerpt（Huang and Xie, 2010）.

Excerpt 3（p. 92）：

IPO：Now, tell me how did you assault them?

Suspect：Emm…I touched their private part.

IPO：You took off their clothes?

Suspect：Yes.

IPO：What else?

Suspect：I took off their pants.

IPO：Took off their pants.

Suspect：Yeah.

IPO: What else?

Suspect: I touched their private part with my fingers⋯

Formulation

Formulation is the process where the speaker or others repeats what has been said in a turn or a series of turn or a whole speech. Or it is a process of wording on the unsaid and implied information. The strategy of formulation helps reach agreement over the contents of the discourse, which is key to the whole interrogation. See Excerpt 4.

Excerpt 4 (p. 92) :

IPO: What was the doorknob like?

Suspect: Round, you can twist it.

IPO: The commonly seen spherical lock?

Suspect: Yes, it must be.

Here in this excerpt, "The commonly seen spherical lock?" is the rephrased version of the answer "Round, you can twist it". And the officer's formulation is confirmed by the suspect ("Yes, it must be. ") . The doorknob and the spherical lock are the details in the case.

Besides, formulation in the interrogation helps make the daily language into legal terms, which provides the foundation for the determination of the crime nature. For example:

Excerpt 5 (p. 92) :

IPO: Then what did you do?

Suspect: I told her to shut up and I tied her up. I wanted to take her.

IPO: You wanted to rape her, right?

Suspect: Yes.

The suspect may try to dodge the legal responsibility when describing the case, or he may use daily language like "take her" instead of "rape her" due to his lack of legal knowledge. The interrogator, based on the statement of the suspect, rephrased the crime act, and asked for confirmation. Through formulation the interrogator obtained the exact and useful information about this case.

Interrupting

It is commonly recognized that the suspects should be admitted to tell their stories, uninterrupted before any probing takes place. But in actual interrogation, interrupting is a commonly used strategy. Interrupting refers to the fact that one party breaks in the turn when the other party has not finished his speech. The interruption can be used by the police as a control strategy to get the desired information. See Excerpt 6.

Excerpt 6 (p. 92):

IPO: Then, what happened?

Suspect: Err, then, I left, I▲

IPO: ▲Now, before you left, what happened? Did you find any bank passbook, or card when you searched through their bags?

Suspect: Ah, yes, bank cards.

IPO: Yes, bank cards.

In this excerpt, when the suspect was answering the question, the officer interrupted him ("Now, before you left") and stopped the turn. Then the officer introduced what he was interested in— "Did you find any bank passbook, or card when you searched through their bags?" In this way the officer controlled the discoursal interaction and pushed the conversation to a favorable direction.

Meta-discoursal questions

Meta-discoursal comments are used by the dominant interrogator in order to keep the suspect from wandering from the previously established topic and realize the discoursal goals (Farinde, R. O. , Oluranti A. , Matthew, A. 2015) . Some of the realizations of metadiscoursal comments in the discourse studied are discussed below (See Excerpt 7) :

Excerpt 7 (p. 92) :

IPO: Will you tell me the truth? I'm asking you again.

Suspect: Well...

IPO: I'm asking you again. Will you tell me the truth? Yes? (7secs) Will you tell me the truth?

Suspect: Yes.

IPO: Yes. Then tell me. Tell me about your drug dealing.

In this excerpt, the interrogator is serious about revealing the truth of the matter. But the suspect wants to avoid answering the question directly. The IPO sharply emphasized his dissatisfaction with the suspect's negative attitude ("I'm asking you again") and re-stated the focus of their discussion. Although meta-discoursal comments/ questions are not directly linked to the institutional goal of gaining the exact information of the case, it in essence is the interrogator's discoursal control tool. And it is, more often than not, used in police interrogation to obtain the exact and useful information.

Conclusion

The choice of discoursal strategies is goal-oriented. To realize the goal of communication, participants of discoursal interaction will apply all kinds of strategies. In police interrogation, faced with the suspects who are constantly on their guard, especially when the suspects are uncooperative and remain silent all the time, the police had to use a series of discoursal strategies in order to ensure successful communication and obtain accurate information and then complete the institutional task.

Acknowledgements

This research is sponsored by Humanities and Social Sciences Project of Hubei Province, and is part of the research results of the Project "Discourse Analysis of Police Interrogation in the Perspective of Pragmatics" (Project No. 16Y145) .

Interpreting the Problems of the Bilingual Police Interpreters

Introduction

The role of interpreters in legal settings is very important at every stage of the judicial process, especially in the interview room. Since the interpreted information will become part of evidence used in court, whether the exact words are used by the interpreters thus becomes the key to the trial. The activity of interpreters and translators in police interviews, interrogations and related law enforcement investigative work has frequently been regarded as problematic due to the qualifications of the interpreters and translators who served the police. If the interpreter is not a member of police, people will doubt if she/he is qualified for such a highly legal case; and if the interpreter is a family member or friend if the accused at police interrogation, there will be questions of objectivity. This problem also occurs when the interpreter is a member of police, when people challenge their language proficiencies or the faithfulness of the interpretations since the police-turned-interpreter may hold some pre-assumptions and biases.

Qualification of Current Police Interpreters

Hence here comes the question: Are there any limits on who can be called on to serve as an interpreter in an interview room? Benjamin (1997) notes that "... the role of professional responsibility of the interpreter in any legal setting is the same", "whatever the setting, and most unequivocally in any legal setting, the interpreter must maintain standards of professional performance to allow for the exchange of information without misrepresentation, or interjection of personal bias."

To deal with bi-lingual cases in China, a variety of interpreters are at work, from non-professional interpreters (such as friends and family members of person needing interpreting services), to volunteer interpreters who are sometimes trained for their work, but move their designated role from one to another, to judicial staff with little or no training, but who are called in to interpret simply because they are bilingual. Due to their relationship with their employer or the party for whom they are interpreting, they sometimes violate some of the basic rules of the interpreting profession.

A key issue in what qualifications should be considered necessary for serving as a legal interpreter includes the question of impartiality, together with the issue of conflict of interest. It is without any doubt that in all cultures the interpreter is always warned to follow certain requirement of impartiality whenever there is conflict of interest on their part. For example, in the United Kingdom there is a Non-English Speakers and the English Legal System: A Handbook to Good Practice for those Working in the Legal System across Language and Culture (Corsellis, 1995) and the 1996 edition of the syllabus for the Diploma in Public Service Interpreting both refer to the need for impartiality and the requirement that the interpreter "disclose immediately if the interviewee or immediate family is known or related". In the U. S. A. , wherever states have taken measures to guarantee quality interpreting in the judicial system, they have included the requirement of impartiality on the part of court interpreters. The National Centre for State Courts defines "impartiality and avoidance of conflict of interest" as follow (Hewitt, 1995): "Interpreters shall be impartial and unbiased and shall refrain from conduct that may give an appearance of bias. Interpreters shall disclose any real or perceived conflict of interest".

Nowadays, the Chinese police are facing increasingly frequent cross-border investigations, hence bilingual interpreters are in great demand. Yet at present there is no established code to deal with the problems that may happen in bilingual interpreting in China. In daily practice we will have bilingual police officers, or officers who know a little about the foreign language to do the interpretation, without considering their language proficiencies. Just like its counterpart in UK and US, which have already had some guidelines for interpreters, little is mentioned about the possibility of bias on the part of police officers when acting as interpreters in China. The fact is, unlike in many European countries, where professional interpreters/translators are required to study the theory and methods of this field at the university level, and higher degrees or certificates in interpreting/translating are commonly available, in China formal education in this field for police officers is not a requirement of employment. Police officers rely on the English they learn at high school or college, or they learn some phrases of other languages foreign to Chinese. Their limited language proficiency is certainly questionable when interpreting formal interrogations. Regrettably there has been no statistics up until now regarding the number of bi-lingual police officers who can perform as interpreters.

Therefore interpreters used by the police at the crime or even in the police station are a highly diverse group. But no matter whom the interpreter is during the interrogation of a detainee in a police station, the product of such interrogations, that is, a transcription of what was asked and what was answered will be used as evidence at a trial. It is an open question as to whether lawyers and judges are aware that a chain of interpreters/translators may have been at work in any given case in which a police agency has utilized such assistance in its investigation. And, if they are aware of the multiple instances of interpreting and translating that have been employed along the way, should they stop and question whether or not all of the links in the chain were professionals? Just as Colin and Morris (1996) put it, "engaging unskilled people to provide interpreting services means building a weak link into the legal process".

Interpreter Acting as an Interrogator

We cannot overemphasize the centrality of language to human communication. In fact, the use of language for the expression of one's feelings, ideas and thoughts is an attribute that humans do not share with any creature. However, the use of language in human communication encounters is determined by a number of factors. For instance, the power differential between interlocutors, more often than not, determined by their social standing constrains what each interactant contributes or says in interpersonal communication situations. This is more so in a communication encounter that involves unequal interlocutors e. g. , Police-Suspect interrogation. Such communication situations demonstrate the connection between language and power.

Power in discourse has to do with asymmetrical relationships. One group will be able to control the other group. So power can feature the ability of one person able to control and enforce the other. Power also has to do with the ability of one person able to assert his/her influence and will on the other. According to Luke (1974) in Wang (2006), the exercise of power shows that one affects or coerces another person in a manner contrary to another person's interest.

Shuy (1998) makes a set of very useful distinctions between the language of the police interview and that of the police interrogation. According to him, interviewers make use of less of their power than do interrogators. An interview probes but does not cross-examine. It inquires but does not challenge. It suggests rather than demands. It uncovers rather than traps. It guides but does not dominate. But the following excerpt (Berk-Seligson, 2009) shows that the interpreter is acting as a co-interrogator.

Officer A (interrogator): In the walkways? Okay. Ahh… you said… you told **me** you had some beer today. What else did you do… today? Did you just walk around town? What did you do?

Officer B (interpreter): *Usted dice … usted dice,* **nos** *dice que estaba tomando cerveza hoy dia? Que mas hizo hoy dia?* (You say…you say, you tell **us** that you were drinking beer today. What else did you do today?)

…

Officer A (interrogator): Explain to **me** how you feel.

Officer B (interpreter): *Diganos como se.* (Tell **us** how you)

…

Officer A (interrogator): Now I…I know you met a lady tonight. A young lady tonight.

Officer B (interpreter): **Sabemos** *que conocio a una muchacha esta noche.* (**We** know that you met a girl tonight)

In this excerpt, Office A is trying establish certain facts concerning the whereabouts of the suspect on the evening of the murder and his activities that night. The suspect has just told him that he spent the previous night sleeping outdoors, in the corridors of an apartment complex. The words high-lightened represent the discrepancies between source language and target language first-person pronouns. The English rendition Officer B's Spanish utterances are those of the official court interpreter. The interpreter used the first-person plural pronouns "we", "us", which indicated that Officer B is not satisfied with simply being an interpreter in this event, he wants to be a member of an interrogating team.

Legal interpreters are expected to follow a set of norms required by their profession, yet in this case, the police officer assigned the role of interpreter ignored the guidelines of legal interpreting. At the same time, he became an active participant in helping the interrogator coerce a confession from the suspect. He in fact became an interrogator. This attempt will surely affect the subjectivity of the interrogation. The danger of using the police interpreter is that the suspect or defendant may assume that the person who has been assigned to help him or her understand what the interrogator is asking, is actually trying to help him or her in a broader sense and is taking his or her side (Berk-Seligson 1990/2002; Morris, 1999). To be a bilingual police officer assigned the role of interpreter at an interrogation is to give oneself a great advantage as a detective, and that is the enhanced ability to manipulate the detainee.

Lack of Proficiency in the Detainee's Language

The following excerpt (Berk-Seligson, 2009) is from the case of Juan Lopez (suspect), a Mexican man accused of engaging a six-and-ahalf year old child in sex abuse. This is a typical example that the incompetent police interpreter is incompetent both in terms of his language proficiency and his role to play act in his interpretation. There are problems like pidginization, communicative accommodation, negotiation for meaning and code-switching.

Interrogator: Today is August 5, 2000. It is, uh, now 5 minutes till 7 pm at night, which is 18: 55 hours. We are the Lawrenceville City Police Department. My name is detective Carl Ryan. In this room with me is Patrolman Jeffery Baxter, uh, patrolman Baxter is an interpreter for the Lawrenceville City Police Department. Ah, we have a situation here where I've asked office Baxter to be a mediator and interpreter with me and Juan, uh, over investigating is a complaint of a six years old girl and uh Juan committing sodomy, uh. Do you know Mary Jane Tyler?

Lopez: Know Jane? Yeah, yeah.

Interrogator: You know her?

Lopez: Yeah.

Interrogator: She lives on the dame street as you and your girlfriend? She lives behind you on.

Lopez: *En la casa* my girlfriend, *si*. (In the house my girlfriend, yes)

Interrogator: Okay, and one day a few days ago you took in your house, Is that correct?

Lopez: *La* girl *en* my house. (The girl in my house)

Interpreter: *Si, Mary en su casa*? (Yes, Mary in your house?)

Lopez: *Si*. (Yes.)

Interrogator: Okay, while you were there with her you had her suck you penis.

...

Interrogator: Now, how would she know that? How would she know anything about that?

Interpreter: *La bamibina comrende cum*? (The little girl understands cum?)

Lopez: No, yo... (No, I...)

Interpreter: *La bambina, la bambina, la bambine dice su cum en, en ellas en boca.* (The little girl, the little girl, the little girl says your cum in, in them in mouth.)

Interrogator: How does she know that?

...

Lopez: *Porque, es* looking for the ginea pines in my house y every day is looking for the ginea pines on my house. You understand ginea pines? Something little *asi*, I don't know what you name, but is something in my house. Is very small. And is looing every day in my house? (Because, is looking for the ginea pines in my house. You understand ginea pines? Something little like this, I don't know what you name, but is something in my house. Is very small. And is looking every day in my house.)

Interpreter: *La bambina mora la, el pine en su alcoba cada dia*? (The little girl looks at the, the pine in you bedroom each day?)

Lopez: *No mi pine. Mi pipi no*! I don't know what you name, I don't know what name. Guinea pines, you understand guinea pines?

Guinea pines, *no mi* pines, guinea pines guinea. (Not my peenay. Not my wee-wee! I don't know what you name, I don't know what name. Guinea pines, you understand guinea pines? Guinea pines, not my pines, guinea pines guinea.)

Interpreter: Guinea pines?

Lopez: Yeah. *Pos en espanil se llaman cuyos.* (Yeah. Well in Spanish they're called guinea pigs.)

Pidginization results from the contact between two linguistic groups. According to Muysken (2000), pidgins and creoles represent "a case of drastic language change due to contact, with far-reaching consequences", and contact pidgins is different from L2 pidgins in that the former "involve a somewhat symmetrical relationship of often only two ethno-linguistic groups", while the latter "result from the attempt by different groups to communicate on the basis of a imperfectly mastered dominant language". The Spanish of the officer and English of the suspect show characteristics of L2 pidgins, for example, "*En la casa* my girlfriend, si", and "*Porque, es* looking for the ginea pines in my house *y* every day is looking for the ginea pines on my house" are a typical mixture of Spanish and English.

In any situation of native-speaker/non-native speaker interaction, the native speaker makes efforts to understand the non-native when the latter fails to make him/herself sufficiently clear. The non-native, in return makes adjustments, self-correction so as to communicate his/her meaning more adequately. But in the Juan Lopez case, very little such negotiation or accommodation is seen in the behaviour of the two native

English speakers—the police officers. Instead, we can see more one-sided accommodation. The officers hardly make any efforts to hear the suspect's version of truth. The interpreter is very uncommunicative in the interaction. He remains silent for most of the time. The excerpt shows that the introductory identification of the setting and participants is left without any interpretation. Therefore, Lopez has to interact with the interrogator in his limited English. Some of his interpretation are hesitant and confusing, for example, *"La bambina, la bambina, la bambine dice su cum en, en ellas en boca"* . It seems that his Spanish is not good enough to qualify him as the interpreter. And the most ridiculous thing is that both the suspect and the interpreter have a problem with what "pine" refers to in the conversation. In fact, "pine", or the mistakenly understood "wee-wee", is actual the guinea pigs that the suspect's children raise in their house.

The analysis of Excerpt 2 shows that using police officer to carry out interpreting function, especially for the interrogation of persons suspected of crimes, is a dangerous practice which should be avoided specially when the police interpreter lacks the foreign language proficiency. Such danger may lead to coercion and wrong conviction.

Conclusion

The amended *Criminal Procedure Law* of China, and the *Criminal Procedure Rule by People's Procuratorate* stipulate the exclusionary rules of evidence, which promise a bright future in the protection of the suspect's human rights. But in reality, there are all kinds of such infringements in the interrogation room. The previous analyses do not imply that the suspects are completely innocent of the charged crimes, but that people may confess to crimes that they have not committed. One of the possible reasons is the police linguistic coercion in interrogations, especially when bilingualism plays an important role in the interrogation. Therefore in a bilingual context when the suspect was inadequate in the language spoken by the interrogator, a qualified and appropriate interpreter is required.

Under the background of "the Belt and Road", the Chinese police are involved with more and more trans-national crimes, but the bilingual interpreters are in short demand. To respond to the practical needs in the daily work, the government and educational agencies should take measures in providing language assistance to address the bilingual cases. Guidance and regulations should be established in the near future to ensure the fluency, comprehension and confidentiality of information. The use of bilingual police officers as interpreters for interrogations should be prohibited except that there might be extreme danger of harm to the civilian interpreters. The interpreter should have received professional education and training in how to act in the interrogation before they are assigned to the position.

To be more specific, in the police academies and agencies where student police officers are trained and in-service officer receive their further training, the foreign language course should be an important part of the qualification. Language application ability, such as listening, speaking and especially translation should be emphasized instead of the paper-test scores. Police academies may vary in the specific language course they provide according to reality, such as geographic features instead of holding English class as the universal foreign language course.

Furthermore, we need enhance the cooperation with law enforcement of other countries both in police work and language communication. Providing the foreign police officers with Chinese language course could be an option. According to the officers from some south Asian countries who were having training sessions in Hubei, China, a Chinese language training course is essential for the cooperation between Chinese police and their foreign counterparts, which could ensure the accuracy of the translation and confidentiality of the information in a bi-lingual interrogation case.

Acknowledgements

This research is sponsored by Humanities and Social Sciences Project of Hubei Province, and is part of the research results of the Project "Discourse Analysis of Police Interrogation in the Perspective of Pragmatics" (Project No. 16Y145).

参 考 文 献

[1] C. S. 霍尔. 弗洛伊德心理学入门. 陈维正, 译. 北京: 商务印书馆, 1985: 15-26.

[2] 蔡雄山. 网络犯罪的国际治理. 方圆, 2014 (6): 32-33.

[3] 传美惠. 卧底侦查之刑事法与公法问题研究. 台北: 元照出版公司, 2001.

[4] 黄涛. 构建公安机关在职民警培训工作体系论略. 经济研究导刊, 2009 (23).

[5] 卡尔·雅斯贝斯. 时代的精神状况. 上海: 上海译文出版社, 2005.

[6] 李必强. 集成论的基本问题. 自然杂志, 2000 (4).

[7] 李光文. 英美警察教育架构对我国公安教育的启示. 湖北警官学院学报, 2003 (1).

[8] 廖正康, 邹行廉, 杜乾举. 公安民警在职教育培训动力机制研究. 四川警官高等专科学校学报, 2006 (18).

[9] 林东茂. 卧底侦查的程序法上问题——如何建立一套适合我国国情的刑事诉讼制度研讨会. 台北: 东吴大学法学院与台湾本土法学杂志主办, 1999.

[10] 刘骏．浅谈香港"卧底"题材影视作品中的身份探寻——以《潜行狙击》为例．戏剧之家，2012（05）：67-69.

[11] 刘鸿儒．对创新公安教育培训工作的再思考．辽宁警专学报，2015（3）.

[12] 刘忠波．"九七"回归时期香港电影的文化认同．唐山学院学报，2007（1）：5-7.

[13] 马春花．香港卧底电影：身份认同的窘境．新闻知识，2014（6）：74-75.

[14] R. A. 罗宾斯．决策陷阱．袁汝涛，译．长春：吉林文史出版社，2004.

[15] 孟建柱．着力强化五个能力建设全面提升维护稳定水平．求是，2009（23）.

[16] 王大伟．欧美警察科学原理：世界警务革命向何处去．北京：中国人民公安大学出版社，2007.

[17] 王成林，邵群．解读香港电影中的身份认同．科技信息：科学教研，2008（17）：218.

[18] 王彦学，沙贵君．美国、欧盟应急联动系统模式及对中国的启示．中国人民公安大学学报：社科版，2008（1）.

[19] 杨昌军．有限警务与110重构．中国人民公安大学学报：社科版，2010（4）.

[20] 张培文．公安培训制度改革创新研究．中国人民公安大学学报，2010（3）.

[21] 张兆端．信息警务论——二十一世纪警务模式展望．公安研究，1999（3）：47-50.

[22] 庄乾龙，王传红．卧底侦查行驶程序法若干问题浅析．江苏

广播电视大学学报，2007（118）.

[23] 中共中央《关于全面深化公安改革若干重大问题的框架意见》，2015-02.

[24] 中华人民共和国公安部《公安机关人民警察训练条令》，2015-01.

[25] Bell，E. Arnold. Investigating International Cybercrimes. The Police Chief. Vol. LXXIV. No. 3. March，2007.

[26] Benjamin，Virginia（1997）. Legal interpreting by any other name is still legal interpreting in Carr，S. E.，Rhoda Roberts，A. Dufour and D. Steyn（eds.）The Critical Link：Interpreters in the Community. Amsterdam \ Philadelphia：John Benjamins，179-190.

[27] Bensahel，Nora；Oliker，Olga；Crane，Keith；Brennan，Richard R. Jr.；Gregg，Heather S.. After Saddam：Prewar Planning and the Occupation of Iraq. Rand Corporation. 2008.

[28] Berk-Seligson（2002）. The Miranda Warnings and Linguistic Coercion：The Role of Footing in the Interrogation of a Limited - English - Speaking Murder Suspect. In J. Cotteril（Ed.），Language in the Legal Process. New York：Palgrave Macmillan.

[29] Berk-Seligson，Susan（1990/2002）. The Bilingual Courtroom：Court Interpreters in the Judicial Progress. Chicago：The University of Chicago Press.

[30] Berk-Seligson，Susan（2009）. Coerced Confessions：the Discoursr of Bilingual Police Interpreters. Berlin：Mouton de Gruyter.

[31] Chris Prosise，Kevin Mandia.（2001）. Incident Response：In-

vestigating Computer Crime, New York: Mcgraw-Hill Companies.

[32] Colin, J. and Ruth Morris, 1996. Interpreters and the Legal Process, Winchester: Waterside Press.

[33] Coulthard, M. and Johnson, A. (2007). An Introduction to Forensic Linguistics: Language in Evidence. Abingdon: Routledge. Criminal Procedure Law P. R. C. The National People's Congress, 1996-3-17.

[34] Dan Farmer, Wietse Venema (2011). Forensic Discovery, Computer Forensics Analysis Class Handouts. Retrieved On August 6. From http: //www. porcupine. org/forensics/handouts. html.

[35] Dennis Mcgrath, Vincent Berk, Shu-Kai Chin, Etc.. (2001). A Road Map For Digital Forensic Research, New York: Digital Forensic Research Workshop (Dfrws).

[36] Drew, P. &Heritage. J. (1992). Analyzing talk at work: an introduction. Cambridge: Cambridge University Press, 3-66.

[37] Farinde, R. O., Oluranti A., Matthew, A. (2015). Discourse Control Strategies in Police-Suspect Interrogation in Nigeria. International Journal of English Linguistics, 5 (1), 146-158.

[38] Corsellis, Ann (1995). Non-English Speaker and the English Legal System: A Handbook in Good Practice for Those Working in the Legal System Across Language and Culture, Cambridge: University of Cambridge, Institute of Criminology.

[39] Fraser, H. (2003). Issues in transcription: factors affecting the reliability of transcripts as evidence in legal cases. Forensic Linguistics, 10 (2): 203-26.

[40] Gibbons, J. (2003). Forensic Linguistics: An introduction to language in the justice system. Oxford: Blackwell.

[41] Haworth, K. J. (2009). An Analysis of Police Interview Discourse and Its Roles in the Judicial Process. University of Nottingham.

[42] Huang, Ping and Xie Shaowei (2010). From Fuzziness to Accuracy: Discourse Strategy of Police Interrogation. Journal of Yulin Normal University. 31 (1), 90-94.

[43] Hewitt, William E. (1995). Court Interpretation: Model Guides for Policy and Practice in the State Court. Williamsburg, Virginia: National Centre for State Courts.

[44] James A. Lewis, Stewart Baker, Net Losses: Estimating the Global Cost of Cybercrime. Centre for Strategic and International Studies, Washington, D. C. June, 2014.

[45] Jian-lin BIAN, Zhi-yuan GUO. Standardize Forensic Procedures Legislation is Imperative. Chinese Journal of Forensic Sciences, 2005 (4): 7.

[46] Jim Randle (2007). Study Finds Iraqi National Police Ineffective in Combating Terrorism. VOA News. Retrieved 2015-12-03.

[47] Jin-de ZHANG. The Reform of Forensic Appraisal in China. Chinese Journal of Forensic Sciences, 2011 (2): 7.

[48] Liao Meizhen. (2003). Courtroom Questions Responses and Their Interaction. Law Press, 295, 46, 175.

[49] Ministry of Justice. Administrative Measures on Registration of Forensic Expertizers. Ministry of Justice P. R. C Order (No. 96),

2005-9-30.

[50] Morris, Ruth (1999) . The Gum Syndrome: Predicaments in Court Interpreting. Forensic Linguistics, 6 (1), 6-29.

[51] Musysken, Pieter (2000) . Bilingual Speech: A Typology of Code-Mixing. Cambridge: Cambridge University Press.

[52] Norton by Symantic. 2012 Norton Cyber Crime Report. Mountain View, CA, Symantec, 2012.

[53] Ponemon Intitute (2013) . Cost of Data Breach Study: Global Analysis. Traverse City, Michigan, Ponemon, 2013.

[54] Shuy, Roger (1998) . The Language of Confession, Interrogation, and Deception. Thousand Oaks, Lon, and New Delhi: Sage.

[55] Standing Committee of NPC. (2005) . Decision of the Standing Committee of NPC on the Administration of Forensic Authentication.

[56] Sun Bo (2004) . Research on Key Aspects of Computer Forensic Methods. Beijing: Chinese Academy of Sciences.

[57] The Scientific Working Group on Digital Evidence (Swgde) . Digital Evidence: Standards and Principles, Proposed Standards for the Exchange Of Digital Evidence. (1999) . London: International Hi-Tech Crime and Forensics Conference.

[58] Trend Micro, Latin America and Caribbean Cybersecurity Trends and Government Responses. Washington, D. C. , Organization of American States, 2013.

[59] Walker, A. G. (1990) . Language at Work in the Law: The Customs, Conventions, and Appellate Consequences of Court Repor-

ting. In J. N. Levi and A. G. Walker (eds.), Language in the Judicial Process. New York: Plenum Press, 23-44.

[60] Wang, J (2006). Questions and the Exercise of Power. Discourse and Society, 17 (4), 529-548.

[61] Wodak Ruth (2013). Critical Discourse Analysis. SAGE Publications Ltd.